무조건
합격하는
직장인
공부법

연봉·정년·미래를 바꾸는 가장 확실한 투자

무조건 합격하는 직장인 공부법

최영관 지음

책들의정원

직장인이 할 수 있는 최고의 투자

현재를 살아가는 우리에겐 대부분 꿈이 있다. 그 꿈에는 크거나 작은 절대적인 크기가 없다. 단지 가깝고 먼, 거리감만 있을 뿐이다. 지금 당장 움직이기만 하면 빠른 시일 내에 잡을 수 있는 비교적 가까운 꿈과 오랜 시간 착실히 준비해야 겨우 도달할 수 있는 먼 꿈의 차이일 뿐, '꿈'이란 것은 전부 빛난다. 그래서 꿈을 위해 최선의 노력을 하고 결국 그 꿈을 이룬 사람들은 상대적인 경중에 상관없이 박수받아 마땅하다고 생각한다.

그렇다면 그 꿈을 위해 우리가 할 수 있는 최고의 투자는 무엇일까? 이에 대한 대답은 아주 간단하다. 우리가 학창 시절 지겹도록 해왔던 '공부'를 다시 시작하면 된다. 사람들은 더 나은 삶을 살기 위해

주식이나 부동산 투자를 한다. 실제로 주식과 부동산 투자를 통해 부자가 되어 이전과는 전혀 다른 삶을 살아가는 사람들을 여러 매체를 통해 볼 수 있다. 하지만 잘못된 투자로 인해 이전보다 못한 삶을 살아가는 사람도 부지기수다. 전문가들도 확실하다고 할 수 없을 만큼 리스크가 큰 투자이기 때문이다.

하지만 공부는 주식이나 부동산과 달리 아무런 리스크도 없이 오직 이익만이 있는 투자다. 그렇다고 지금껏 해왔던 대로 공부를 해서는 제자리걸음을 못 벗어난다. 한 발짝이라도 나아가기 위해서는 같은 양을 공부하더라도 빠르게 효과를 볼 수 있는 '내게 꼭 맞는' 공부법을 찾아야 한다.

나의 한계에 도전하다

학창 시절의 나는 누가 봐도 열심히 하는 학생이었으나 그렇다고 뛰어난 결과를 내지는 못하는 어디에나 있는 평범한 학생이었다.(지금 생각해보면 그렇게 열심히 공부했음에도 좋은 결과를 내지 못했던 것은 내게 꼭 맞는 공부법을 찾지 못했기 때문이라고 생각한다.) 학창 시절부터 특출난 것 없는 나였지만, 사회에 나와 보니 안 그래도 평범했던 내가 더 초라해지는 느낌이 들었다. 너무나 원했던 직장에 취직했음에도 더 좋은 학벌과 직업을 가진 사람들 앞에서 난 작아졌다.

고시 출신으로 잘 나가는 사람들을 볼 때면 난 왜 일찍부터 저 길을 택하지 않았을까 후회했고, 전문직들을 보면 대학입시에서 전공을 선택할 때 왜 저 분야를 생각해보지 않았는지 후회했다. 그렇다고 지금 가진 걸 다 내려놓고 고시를 준비한다거나 다시 처음부터 대학수학능력시험(이하 수능시험)을 보고 전공을 바꾸는 것, 또는 다른 직장에 들어가기 위해 다시 공채시험을 치르기엔 실패에 대한 두려움이 앞서 시작할 용기도 나지 않았다.

앞으로 나아가기 위해서는 나만의 방법을 찾아야 했다. 전공을 바꾸고 처음부터 다시 시작할 게 아니라면 내가 잘할 수 있는 것을 더 잘하게 만드는 것이 옳은 방향이라고 생각했다. 다행히 내가 택한 전공이 나하고 잘 맞다고 판단되면서, '이거라면 할 수 있지 않을까?' 하는 생각이 들기 시작했다. 그즈음 기술사자격증을 알게 되었고, 현재에 머물지 않고 더 나은 미래를 만들기 위해 기술사자격증 시험에 도전하기로 결심했다. 당연히 힘들고 시간 또한 얼마나 걸릴지 알 수 없었지만, 그것이 나를 발전시킴과 동시에 회사에서도 인정받을 수 있는 유일한 방법이라고 생각했기 때문이다.

무조건 합격하는 공부법을 만들어 가다

대한민국에 사는 사람은 누구나 한 번쯤은 시험을 본다. 그런 사람 중에는 나처럼 직장에 다니면서 금쪽같은 시간을 쪼개 공부하는 사람들도 있을 것이다. 그러나 아무리 학창 시절에 공부를 잘했던 사람일지라도 직장 생활을 하며 다시 공부하는 것은 정말 힘든 일이다. 회사일 만으로도 하루가 꽉 차고, 직장에서는 점점 나의 책임이 무거워지고 있기 때문이다. 게다가 기혼자라면 그 자체로 또 하나의 책임을 더한 것이기에, 가정에 대한 책임감을 내려놓고 다시 공부한다는 건 엄청난 부담감을 동반한다. 어쩔 수 없이 배우자나 가족들에게 소홀한 부분들이 생기고, 그러면서 예상치 못한 난관에 수도 없이 부닥치게 될지도 모른다.

이렇듯 힘든 상황에서 공부를 결심한 만큼, 우린 이왕이면 그리 길지 않은 시간 내에, 모두를 만족시킬 만한 최선의 결과물을 만들어야 한다. 그러기 위해서는 공부를 해야 하는 강력한 동기를 바탕으로 확실한 목표를 세우고, 그 목표지점으로 가기 위한 정확한 방향 설정까지, 공부하는 과정에서의 실수를 최소화할 필요가 있다.

나는 여러 번의 자격증시험을 준비하면서 반드시 합격하기 위해서는 어떻게 공부해야 하는지 내내 생각해왔다. 특히나 없는 시간을 쪼개어 공부해야 하는 직장인으로서 어떻게 하면 가장 효과적이면서 효율을 높은 공부를 할 수 있을지를 고민하며 여러 가지 공부 방법을 시도했다. 계속되는 시행착오와 원인 분석 과정을 거치면서 점점 내가 가진 강점을 발전시켜나갈 수 있었고, 그러는 과정에서 공부 속도에도 가속도가 붙어 결국 합격이라는 좋은 결과까지 거머쥘 수 있었다.

《무조건 합격하는 직장인 공부법》에서는 시험을 준비하는 사람들, 그중에서도 직장인들에게 효과적인 다양한 공부법들에 대해 소개한다. 이는 대단한 공부머리도, 노하우도 없던 평범한 사람, 더군다나 직장인이기에 공부 시간까지 부족했던 사람이 뒤늦게 기술사자격증시험에 도전하게 되면서 이리저리 부딪히고 배우며 깨우쳐 온 방법들이다. 무작정 노력과 끈기만 들이대다가 공부머리가 부족함을 탓하며 나를 원망해보기도 하고, 올바른 공부법이 필요함을 깨닫고 주위에서 좋다는 공부 방법을 죄다 따라 해보면서 나에게 딱 맞는 공부법을 찾아가던, 내 지난날의 열매들이다.

이 책에 나오는 공부법은 하루를 온전히 공부에 쏟을 수 있는 수험생들은 물론이고, 공부에 쏟을 시간도, 체력도 부족하여 '공부는 사치다'라고 생각하는 직장인들에게 꼭 필요한 공부법이다. 부디, 밑

져야 본전이라는 마음으로 단 한 번만이라도 이 방법을 실천해보기 바란다. 그리하여 결국엔 여러분들이 원하는 그것을 손에 넣기를, 나는 너무나도 간절히 원한다.

지금 움직이지 않으면 아무것도 변하지 않는다. 자신에게 가장 필요한 공부가 무엇인지 고민하고 목표를 세우자. 그리고 주저하지 말고 도전해보자. 지금 그 결심이 앞으로 남은 당신의 수십 년의 인생을 더욱 빛나게 해줄 것이다.

이미 꿈을 향해 나아가고 있거나, 앞으로의 삶을 위하여 공부하고 싶은 사람, 지금 서 있는 그 자리에서 나를 더욱 발전시켜 나의 가치를 높이고 싶은 사람, 나의 미래를 내가 원하는 방향으로 흘러가게 만들어 결국엔 내가 바라던 위치까지 도달하길 원하는 사람. 그런 사람들에게 나의 공부법과 조언들이 조금이나마 도움이 되기를 바란다.

2023년 8월

최영관

차례

프롤로그 | 직장인이 할 수 있는 최고의 투자 ──────── 004

현재에 만족하지 못한다면
지금 당장 공부하라

"나, 정년까지 버틸 수 있을까?" ──────────── 016

국가자격증 따려는 직장인만 매년 60만 명 ──────── 021

이 시험만 붙으면 회사에서 '갑'이 된다 ───────── 025

무엇을 공부해야 할지 모를 때는 롤모델을 찾자 ───── 028

학문이 아니라 합격을 목표로 ──────────── 034

최고의 재테크는 주식도 코인도 아닌 공부 ─────── 048

퇴근하면 6시, 집에 오면 7시…
언제 공부하지?

하루 일과를 기록해야 공부할 틈이 보인다 ——————— 060

인정하자, 내 머리는 굳었다는 것을 ——————— 071

환경을 개선해 숨어 있는 10분을 찾아라 ——————— 079

엉덩이만 무겁다고 다가 아니다 ——————— 088

아침 1시간 vs 저녁 1시간, 언제가 유리할까? ——————— 104

근무 형태에 따라 계획표도 바뀌어야 한다 ——————— 118

합격하는 직장인의 이기적 시간 사용법

야근, 회식… 돌발 변수로부터 1분 1초를 지켜라 ——————— 152

퇴근 직후가 평일 공부량을 좌우한다 ——————— 155

출퇴근 시간도 버리지 않는 '자투리 활용법' ——————— 162

부족한 시간은 돈으로 사라 ——————— 167

여행과 취미도 적당하면 '약'이 된다 ——————— 170

운동법, 식사법, 심지어 자는 법도 바꿔라 ——————— 177

무조건 합격하는 직장인 공부법

굳은 머리를 위한 '단순-반복'의 기적 ———————— 190

[기본] 없는 시간 쪼개지 말자: '단순' 암기법 ———————— 194

[기본] 합격을 보장해드립니다: '반복' 암기법 ———————— 206

[심화] 직장생활로 기른 '정리' 스킬로 나만의 노트를 만들어라 ── 217

[심화] 모든 공부에는 우선순위가 있다 ———————— 225

[활용] 합격을 위한 효율 200% 객관식 공략법 ———————— 232

[활용] 정답이 술술 나오는 주관식 공략법 ———————— 243

마지막까지 긴장을 늦추지 마라

시험 직전에 봐야 하는 것들 ———————— 252

무조건 기출문제부터 정복하라 ———————— 255

다른 수험생과 정보를 공유하자 ———————— 261

정기적으로 모의고사 꼭 보기 ———————— 265

뒷심이 좋아야 결과도 좋다 ———————— 269

합격을 좌우하는 잠재의식의 힘 ———————— 275

에필로그 | 늦게 시작한 공부가 무섭다 ———————— 284

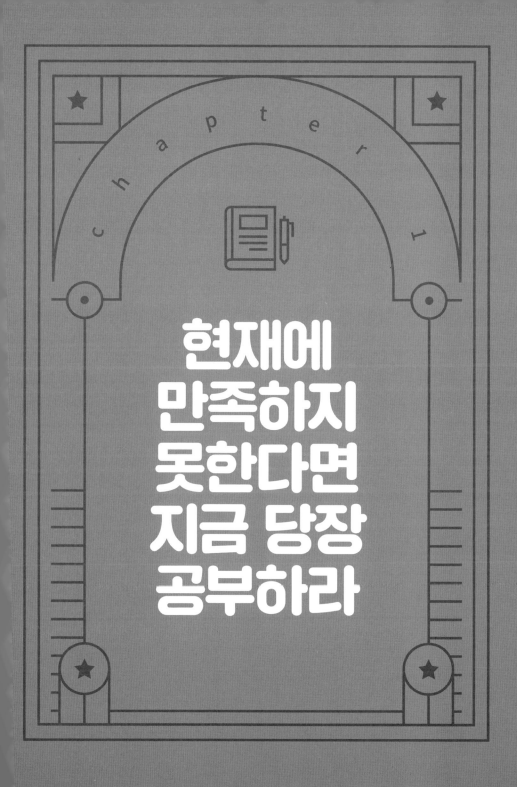

chapter 1

현재에
만족하지
못한다면
지금 당장
공부하라

"나, 정년까지
버틸 수 있을까?"

불안한 미래를 대비하자

아무도 미래를 확신할 수 없는 세상이다. 다만, 누구도 경제 전망이 긍정적이라고 하지는 않는 것 같다. 불황이 지속됨에 따라 수입은 줄고 물가는 높아질 것이라는 게 전문가들의 예상이다. 이에 따라 장기 침체를 준비하는 직장인들도 늘었다. 한 뉴스 기사에 따르면 51%의 직장인이 불황에 대비하고 있다고 한다. 그렇다면 불황을 어떻게 대비해야 할까? 저축이나 투자로는 한계가 있다. 결국 중요한 것은 자신의 가치를 높이는 것이다.

2021년에만 전년 대비 25.4%가 늘어난 227만 명이 국가기술 자격

필기시험에 접수했고, 2023년에는 국가기술 자격 응시자 중 직장인 비중이 34.8%로 역대 최고 수준을 기록했다. 또한, 한국산업인력공단에 따르면 이른바 'MZ세대' 직장인의 81%는 국가기술자격 응시를 자신의 업무와 연계해 활용을 한다는 조사 결과가 나왔다. 즉, 자신의 업무 능력에 직접적인 도움이 되는 자격증을 찾아 자신의 몸값을 높인다는 의미이다. 이제 직장인에게 공부는 선택이 아니라 필수가 되었다.

은퇴 후의 삶을 생각해 보아도 공부를 통해 스펙을 쌓는 것은 좋은 선택이다. 불황이 일상이 된 세상에서 퇴직 이후의 삶은 더욱 불안할 수밖에 없다. 직장 생활을 하는 사람이라면 국민연금이나 개인연금처럼 기초적인 생활을 영위하기 위한 발판이야 마련되어 있겠지만, 이들 연금만으로 대부분의 사람이 현역 때만큼의 생활을 누리기는 힘들다. 연금 중에서도 가장 안정적이면서 상대적으로 금액이 높다는 공무원연금, 군인연금, 사학연금, 교직원연금을 제외하면 많은 경우의 연금들이 그렇다. 게다가 기대수명은 계속 높아지고 자녀의 결혼과 독립은 점점 늦어지니 부모가 자녀에게 경제적으로 지원해주는 기간 역시 점점 늘어나고 있다. 그래서 사람들은 현재를 살면서 미래를 고민하고 준비한다. (2009년과 2015년에 있었던 공무원 연금개혁 이후 공무원 또한 퇴직했을 때를 걱정해야 하는 상황인 건 마찬가지다.)

우리 주위에는 제2의 삶을 사는 분들이 아주 많다. 평생 교직 생활을 하다가 퇴직 이후 청소년 상담사나 부모교육 전문가로 이름을 떨치시는 분도 있고, 금융업계에서 최고의 위치까지 오르셨다가 퇴직 이후엔 평생의 꿈이었던 화가의 길을 걷는 분, 전업주부로 수십 년을 살다가 쇠약해져 가는 부모님을 옆에서 보살피면서 요양보호사 자격증을 취득하여 노인과 아픈 분들을 위해 제2의 인생을 사는 분들도 있다.

이렇게 제2의 인생을 살아가는 사람들을 보면, 단순히 '잘한다'라는 것에서 그치지 않는다. 시작은 본인의 적성을 바탕으로 한 취미였을지라도, 꾸준히 자신의 경력을 쌓아가는 동시에 실력을 공식적으로 인정해주는 '자격'까지 갖춘 사람이 대부분이다. 그동안 쌓아온 경력이 나를 어필하는 최고의 무기이겠으나, 거기에 전문가로서의 '자격'이 더해진다면 금상첨화가 아닐 수 없다.

공부가 내 미래의 지평을 넓혀준다

지금까지와 전혀 다른 분야를 선택하게 된다면 자격증을 먼저 취득하는 것이 취업에 훨씬 더 유리할 수 있다. 관련 경력도 없고 자격증도 없는 상태에서는 나를 내세울 만한 무기가 없어서 서류를 통과

하는 것조차 기대하기 힘들지만, 자격증을 취득한 뒤에는 최소한 서류 통과는 노려볼 수 있다. 또한 자격증을 토대로 새로운 경력을 쌓을 수 있고, 그렇게 쌓인 경력을 바탕으로 재취업을 모색하기도 한다. 그러면 새롭게 쌓은 경력을 과거의 경력과 잘 버무려 나의 장점을 최대한 강조하면서, 면접에서 나를 어필하는 게 가능하다.

내가 대학교 학부생 때 처음 기사자격증 공부를 시작한 이유도 앞을 알 수 없는 불안한 미래에 대한 나름의 준비였다. 그 자격증이 어디에 쓰일지, 내가 그것을 계기로 무엇을 할 수 있을지 그땐 확실하게 알 수 없었지만 최소한 그 자격증이 나를 어필할 수 있는 하나의 요소가 될 것이라고 생각했다. 그런 계기가 취업 이후엔 기술사와 박사로까지 이어져 나를 공부의 길로 들어서게 했고, 지금껏 내가 해왔던 공부 방법을 정리해 책을 내기에 이르렀다. 처음 기사자격증 공부를 시작했을 때는 상상도 못 했던 일이다.

그러니 이 책을 읽고 있는 당신도 지금의 일상을 크게 침범하지 않는 선에서, 무엇이든 도전해보길 바란다. "주위에서 좋다는데, 그냥 시작해볼까?"라는 가벼운 이유도 괜찮다. 친구 따라 강남 가듯, 별생각 없이 같이 시작해봐도 좋다. 지금 하는 공부가 미래에 어떻게 활용될지는 아무도 모른다. 공부의 결과가 지금 당장 구직이나 이직, 승진, 그 어떤 것에도 도움이 되지 않는다고 할지라도, 다음 단계를 위한 도전이 되기에 충분하다. 단지, 나의 공부가 빛을 보는 데까지 시간의 차이만 있을 뿐이다.

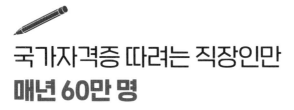

국가자격증 따려는 직장인만
매년 60만 명

변화하기 위해서는 강력한 동기가 필요하다

아무리 좋은 기술(공부 방법)을 알고 있어도 내가 그것을 흡수할 만한 체력(끈기, 의지)이 없다면 그 기술은 무용지물이다. 공부는 방법만을 알고 있다고 간단히 해결되는 것이 아니다. 그 공부 방법을 가지고 결과를 만들어내기 위해서는 하고자 하는 의지와 끈질기게 밀고 나갈 힘이 필요하며, 그 힘을 지속시키기 위해서는 강력한 동기가 필요하다.

공부하는 데 있어 동기는 너무나 중요하다. 동기는 공부를 시작하게 만든 계기이면서 동시에 얼마나 걸릴지 모를 수험생활을 끝까지 완주하게 만드는 강력한 힘이기 때문이다. 동기는 공부하는 기간 내내 무너지는 내 의지를 다잡아주고, 힘든 슬럼프를 견뎌내 다시 열심히 달리게 만들어주는 원동력이다. 그러므로 강력한 동기를 갖고 공부를 시작했다면 그것만으로도 이미 반은 이룬 것이나 마찬가지라고 나는 생각한다.

공부를 시작한 동기가 꼭 거창한 것일 필요는 없다. 남의 눈을 의식해서 아름답게 포장할 필요도 없다. 지극히 개인적이고 남들이 보기에 하찮아 보이는 것일지라도 자신에게 의미가 있다면 그걸로 충분하다.

고생한 부모님과 가족을 행복하게 해주고 싶다거나, 최소한 저 사람보다는 더 나은 사람이 되고 싶어서, 혹은 명절에 친척 어른들께 자격증 자랑 한 번 해보는 게 소원이라는 것처럼 사소해 보이는 것이라도 상관없다. 그것이 내가 공부를 시작할 수 있도록 큰 의미로 와 닿으면 된다. 우리는 다양한 방법으로 동기를 찾을 수 있고, 어떤 식으로든 일단 찾아내기만 하면 그것은 엄청난 힘을 발휘한다. 그러나 이런 동기는 억지로 만든다고 되는 게 아니다. 억지 구실을 만들면 처음에는 눈을 반짝이며 공부해도 공부 의지가 채 3일을 넘지 못한다. 억지로 갖다 붙인 동기는 공부가 힘들어질수록 간절함이 흩어져 가고 나중에는 언제 그런 결심을 했냐는 듯 흔적도 없이 사라져

버린다.

외적 동기와 내적 동기

동기는 외적 동기와 내적 동기로 나눌 수 있다. 먼저 내적 동기란, 활동 자체에서 오는 만족감과 즐거움이 행동을 이끌어내는 '능동적인 힘'을 말한다. 일이나 공부 그 자체에서 즐거움을 찾는 경우가 내적 동기다. 반대로 외적 동기란, "이번 시험에서 5등 안에 들면 원하는 스마트폰을 사 줄게"처럼 칭찬이나 보상을 이용하여 행동을 유도하는 '수동적인 힘'을 말한다. 직장인이라면 회사에서 주는 '성과급(인센티브)'이나 승진 같은 경우가 대표적인 외적 동기가 된다. 만약 당신이 학생이라면, 난 공부의 동기를 가능한 한 '내적 동기'에 집중하라고 강조했을 것이다. 그것이 공부를 더 오래 더 재미있게 할 수 있는 방법이기도 하고, 외부가 아닌 나 자신에 집중하는 힘을 통한 성장이 더 큰 성공을 불러올 수 있기 때문이다.

하지만 직장인의 경우엔 조금 다르다. 직장인이 되어서 시작하는 공부는 그 취지 자체가 '외적 동기'에서 출발했을 가능성이 크다. '내 일이 너무 좋아서'라거나 '저 부분에 대한 지식을 더 알고 싶어서' 공부를 하게 된 경우도 물론 있겠지만, 대부분은 '해야 하니까'라는 명

목적인 이유로 공부를 시작한다. 그래서 직장인의 동기 부여는 내적 동기나 외적 동기로 나눌 필요가 없다. 무엇이 되었든 가능한 한 자신의 생활과 밀접한 부분에서 동기를 찾아보고 그 동기가 공부에 확실한 목표를 설정할 수 있도록 해야 한다.

이 시험만 붙으면
회사에서 '갑'이 된다

공부를 나의 업무와 연관시켜서 지금 내가 하고 있는 일에 시너지가 발생한다면 그만큼 이상적인 것도 없다. 요즘은 많은 회사가 직원들의 업무능력 향상을 위해 학업을 지원하기도 하고, 외국어가 중요한 회사에서는 외국어 공부를 위해 학원비를 지원해주기도 하는 등 다양한 방법으로 직원들의 자기계발을 돕는다. 또한 업무 추진이나 신뢰도 면에서 관련 자격증을 우대하는 회사들도 있다. 그러다 보니 회사 측에서 자격증 취득을 권하는 경우도 많고, 가까운 직장 선배나 동료들이 자기계발을 하는 것을 직접 보면서 자극을 받아 공부를 시작하는 일도 비일비재하다.

하지만 업무와 관련한 공부라고 해도 지금 내가 하는 업무와 완벽히 일치하지 않을 수 있다. 지금 하는 공부가 나한테 어떻게 도움이 될지 의문이 든다면, '공부를 끝낸 이후' 즉, 목표를 이뤘을 때의 모습을 상상해보는 것도 좋은 방법이다.

나는 신입사원 시절에 기술사자격증 공부를 시작하면서 왜 이 공부가 어렵다고 악명이 자자했는지 바로 알게 되었다. 기술사시험은 이론을 통째로 외우고 써야 하는 압도적인 공부량뿐만 아니라 깊이 있는 실무이론까지 더해져서, 가볍게 접근할 수 있는 시험이 아니었다. 10년 이상의 경력을 가진 선배들도 수년간 공부하면서 힘겹게 취득하는 상황인데, 신입사원인 내가 어려워하는 건 당연했다. 배운 것을 당장 업무에 적용할 수 있는 것도 아니었고, 워낙 광범위한 이론들을 과연 내가 쓸 일이 있을지 의문만 생겼다. 그렇게 공부에 대한 의지가 사그라들 때 다시 의지를 되살리기 위해서 했던 방법이 '자격증 취득 후 내가 맡을 미래의 일'을 떠올리는 것이었다.

회사에서 가장 기술력을 필요로 하는 부서에서 일할 수 있는 기회라든가, 기술 발전을 위해 연구하는 일, 혹은 회사 밖에서 심의나 자문위원으로 활동하는 것 등 자격증 취득을 통해 나의 활동 반경이 넓어지는 것을 상상했다. 설령 취득 직후 당장은 큰 변화가 없을지라도 자격을 갖추기 전과 후는 분명 다를 것이라고 확신했다. 전문가로서의 자격을 갖추고 난 뒤에는 일을 대하는 내 자세도 다를 것이고, 회사에서 어떤 일에 적임자를 찾을 때 내 이름이 거론될 수도 있기 때문이다.

그렇다면 어떻게 업무와 공부를 연관시켜서 동기를 부여할 수 있을까? 다음의 문항들에 답해보면서 나에게 필요한 것은 무엇인지 차근차근 접근해보자.

- 나는 지금의 업무에 얼마나 만족하고 있는가?
- 지금까지 일해 오면서 내 업무능력에 부족함을 느낀 적이 있나?
- 나의 업무 능력을 향상시켜줄 수 있는 공부(자격증)가 있는가?
- 업무를 하는 데 있어 꼭 공부(자격증)가 필요한가?
- 있다면, 그 자격증을 취득하고 싶은 마음이 생기는가?
- '꿈의 자격증'이라 불리는 관련 자격을 이미 가진 사람이 주위에 있는가?
- 만약 원하는 것을 달성한다면, 그것으로 인해 당신이 얻는 것은 무엇인가?
- 자기계발을 완료한 이후, 내 업무 능력이 월등히 향상되고 나의 업무가 질적으로 변화할 것이라는 기대감이 있나?
- 자기계발을 완료한 이후, 나의 미래 가치를 생각해 볼 수 있는가?

무엇을 공부해야 할지 모를 때는
롤모델을 찾자

낯선 길을 갈 때 앞서간 누군가의 발자국을 보고 따라갈 수 있다면 목적지까지 가는 길은 훨씬 수월하다. 길을 잃어버릴 염려도 없고, 지칠 때 나를 이끌어주는 느낌도 들기 때문이다. 우리가 목표 지점까지 가는 데 있어서 '롤 모델'은 이런 발자국의 역할을 한다.

롤 모델은 '나도 저 사람처럼 되고 싶다'라는 바람에서 시작해, 그의 하나하나를 따라 하는 '모방'으로 그 범위를 넓혀 간다. 롤 모델이 걸어온 길을 거꾸로 되짚어가며 그대로 답습을 하고 심지어 습관이나 버릇 같은 공부와는 하등 관련 없어 보이는 것들도 '롤 모델이 했으니까'라는 이유로 연관성을 만들어 따라 한다. 그러다 보면 어느새 나에게는 그의 행동 하나하나가 공식처럼 되어버리고 그의 존재가 나에게 있어 '모범답안'이 된다. 또한 어려움에 부닥쳤을 때, '그 사람이라면 이런 상황에서 어떻게 행동했을까?' 하고 생각해보면서 내가 나아갈 방향에 대한 해답을 찾기도 한다.

살아가면서 고민을 털어놓고 조언을 구하는 행위들도 알고 보면, 나보다 먼저 그 길을 갔거나 비슷한 일을 겪은 사람을 통해 앞으로 내가 취해야 하는 행동에 답을 구하고자 하는 행동들이다.

어린 시절은 또 어떤가. 초등학생 때는 위인전에서 내가 배우고 닮고 싶은 나의 '우상'을 찾아 꿈과 연결지어 가며 글짓기를 했고, 청소년기에는 좋아하는 연예인들에게 소위 '덕질'을 하며 그 사람을 닮아가고자 노력했다. 꿈이 여러 번 바뀌면서 롤 모델의 대상이 바뀌기도 하지만, 어쨌거나 롤 모델은 우리가 가는 길 앞에서 마치 페이스메이커(중거리 이상의 육상이나 자전거 경기에서 다른 선수가 좋은 기록을 낼 수 있도록 속도를 조율해주는 보조자를 뜻한다)처럼 같이 달리고 있었다. 이렇게 보니 인간은 아마도 태생적으로 롤 모델을 찾는데 능하지 않나 싶기도 하다.

롤 모델과 함께하는 시간의 가치

롤 모델은 책이나 TV에서 쉽게 볼 수 있는 누구나 다 알 만한 유명한 사람일 수도 있고, 자신의 부모님일 수도, 또는 내 주변의 친구나 동료, 선배일 수도 있다. 만약 롤 모델이 유명인이라면 그 사람의 성공 스토리가 쓰인 자서전을 먼저 읽고 그가 실천한 것들을 하나씩 따라 해본다. 혹시 기회가 닿는다면 이메일이나 SNS를 통해 연락해보길 바란다. 따뜻한 응원의 말이나 덕담을 들을지도 모른다. 세계적인 영화배우 짐 캐리Jim Carrey는 어릴 적 보던 TV 프로그램의 MC에게 편지를 보냈고 답장을 받으면서 자신의 꿈을 더욱 키워나갔다고 한다. 당신이 진심으로 존경하고 있고 닮고 싶다는 마음을 담아 롤 모델에게 보내보자. 나와 같은 꿈을 꾸고 나와 같은 길을 가겠다는 사람에게 매몰차게 대할 사람은 아무도 없다.

만약 롤 모델이 유명인이 아닌 내 주변에 있는 지인이라면 어떻게든 그 사람과 사적인 자리를 만들어 만남을 가져보길 권한다. 밥 한 끼, 차 한잔 같이하자는 핑계로 직접 연락해서 나의 고민거리들을 허심탄회하게 털어놓아도 보고, 그는 현재에 이르기까지 어떤 도전을 하였고 그 과정에서 어떻게 역경을 극복했는지 주의 깊게 들어보자.

누군가를 통해야 연락이 되는 사이라면, 용기 내어 그와의 만남을 부탁해보자. 건너 건너 들려오는 조각 정보로 그 사람을 판단하려 하지 말고 직접 대면해서 대화하길 바란다. 비록 단 한 번의 만남일지라도 나에게는 인생을 바꿀 정도로 큰 울림이 될 수도 있다. 롤 모델 당사자 또한 감사한 경험이라고 생각할 것이다. '내가 대단한 사람도 아닌데 나를 롤 모델로 삼고 나의 긍정적인 부분을 보며 공부하겠다니!' 하며 내가 가진 노하우 전부를 주고 싶어 할지도 모른다. 꼭 만남을 시도하고, 그 한 번의 만남을 가슴 깊이 간직하라.

이때 꼭 하나 강조하고 싶은 게 있다. 롤 모델과 만날 때는 반드시 '롤 모델의 시간을 내가 산다!'는 마음으로 나가길 권한다. 나의 롤 모델이 자신의 소중한 시간을 날 위해 쓰는 것인 만큼, 상대에게 고마움을 표시하는 게 맞다. 그 고마움의 표시는 즉각적이어야 하며, 대표적으로는 '밥 한 끼' 혹은 '술 한잔'으로 나타난다. 극구 사양해도 반드시 내가 계산하도록 하자.

세계적인 투자자인 워런 버핏Warren Buffett은 2000년부터 일 년에 한 번, 자신의 점심시간을 경매에 부치고 낙찰자와 함께 점심 식사를 한다. 1회 점심 경매 낙찰가 2만 5,000달러(당시 환율로 약 3천만 원)를 시작으로, 4회차 경매에서는 25만 100달러(당시 환율로 약 3억 원), 9회차 경매에서는 210만 달러(당시 환율로 약 25억 3천만 원)에 낙찰이 된 바 있다. 그리고 2019년도에는 낙찰가가 무려 456만 7,888달러(당시 환율로 약 54억 원)에 이른다. 한화로 54억이나 되는 큰돈을 왜 사람들은 워런 버핏과의 점심 한 끼를 위해 쓸까? 그 이유는 그들에게는 이 시간이 단지 '점심 식사'에 머물지 않기 때문이다.

대부분의 낙찰자는 사업가이며, 그들은 워런 버핏과의 점심을 낙찰받음과 동시에, 어마어마한 마케팅 효과를 누릴 수 있다. 모든 경제계와 정계가 워런 버핏과의 점심을 눈여겨보고 있고 미디어는 이를 관심 있게 보도한다. 또 낙찰자 개인의 SNS를 통해 이를 알림으로써 낙찰자와 해당 기업들은 자연스레 이름을 알릴 수 있다.

낙찰자들은 점심 식사를 함께하며 워런 버핏으로부터 그의 소중한 경험담을 들을 수 있다. 이를 통해 낙찰자들은 기업의 성장을 촉진하기 위한 힌트를 얻고, 새로운 비즈니스모델을 수립하며, 또 새롭게 성장할 산업을 예상함으로써 자신의 기업을 계속 발전시켜 나갈 수 있다. 나아가 이 기회를 통해 워런 버핏과의 인연을 유지하고 발전해 나갈 수 있다는 점에서도 이 점심 한 끼는 너무나 특별하다.

그렇다고 나의 롤 모델과 식사를 하기 위해 당장 54억이라는 큰돈을 쓰라는 게 아니다. 5만 원, 아니 2만 원이어도 좋다. 롤 모델과의 식사 자리를 만들고 깊이 있는 대화를 나누어라. 그리고 그 자리에서 나눈 얘기들을 전부 가슴에 새겨라. 어디서도 얻을 수 없는 귀한 이야기가 그 대화에 다 들어 있을 것이다. 미래는 아무도 모른다. 지금의 롤 모델이 나의 멘토가 되어 인생에 있어서 가장 좋은 인연으로 발전할 수도 있다. 혹시 아직 롤 모델을 찾지 못했다면, 다음 항목을 따라가며 떠오르는 사람이 있는지 찬찬히 살펴보자.

· 내가 꿈꾸는 것을 이룬 사람

· 자신이 하는 일에 강한 자신감을 보이는 사람

· 내가 속한 분야에서 인정받는 사람

· 내가 존경할 수 있는 사람

· 맡은 일에 있어서 책임감이 강한 사람

· 자신의 한계에 도전하여 그것을 넘어선 사람

· 자기관리가 철저한 사람

· 주변 사람들이나 내 사람들에게 좋은 평을 듣는 사람

학문이 아니라
합격을 목표로

공부를 잘하기 위해서는 빈틈없는 전략이 필요하다. 학창 시절에는 '개념 이해 → 문제 풀이 → 심화' 순서로 공부하는 것이 전략이라면, 직장인들에게는 '동기부여 → 목표 설정 → 시간 관리'가 사실상 전략의 전부다. 그 안을 채우는 공부 능력은 절대적인 요소가 아니다. 그리고 동기부여가 공부의 '시작점'을 잡는 것이라면, 목표 설정은 '종착점'을 말한다. 종착점을 설정함으로써 우리가 가고자 하는 방향을 확실히 알 수 있고, 방향을 설정해야 목적지를 향해 가는 방법이 정해진다. 그래서 목표 설정은 동기부여만큼 중요한, 공부에 있어서는 절대적인 단계다. 우리가 목표 설정을 어떻게 하느냐에 따라 결과는 이미 정해져 있다고 해도 과언이 아니다.

내가 처음 발송배전기술사 공부를 시작했을 때의 마음은 오로지, '반드시 기술사 자격증을 취득하자!'였다. 양질의 업무와 많은 기회를 잡기 위해서 하루라도 빨리 기술사가 되고 싶었다. 그러다 보니 나의 목표는 '자격증 취득'에 맞춰졌고 어떻게 하면 합격권에 진입하여 빨리 자격증을 취득할 수 있을까 생각하며 그에 맞는 공부법과 공부 방향을 수시로 잡아 나갔다.

이직 후에도 기술사를 공부한 적이 있다. 맡은 일이 건설 업무를 총괄하는 중간관리자이다 보니, 전공인 전기공학 이외에 건축, 토목, 기계, 통신, 조경과 기술행정까지, 건설 업무 전반을 폭넓게 볼 줄 알아야 했다. 이런 업무 전반을 관리자라면 다 알고 있어야 한다는 생각에 건축 실무와 가장 관련 있는 기계기술사를 공부하게 된 것이다. 일에 바로 적용할 수 있는 이론을 배운다는 부분에서 개인적으론 만족도가 높았으나, 이런 만족감과는 달리 관리자의 입장에서 업무 능력이 나아진다는 생각은 들지 않았다. 게다가 자격증을 꼭 취득해야 한다는 절박함도 없어서, 약 1년 후 공부를 그만두게 되었다.

두 경우 다 공부를 시작한 동기는 '업무를 더 잘하기 위해서'였지만, 자격을 갖추어 합격하는 것을 목표로 한 발송배전기술사와는 달리, 기계기술사 공부는 일종의 '앎' 자체를 목표로 했다. 그러다 보니 학문이냐 자격증 취득이냐의 갈림길에서 항상 '배움'에 더 의미를 두

<목표 설정과 방향>

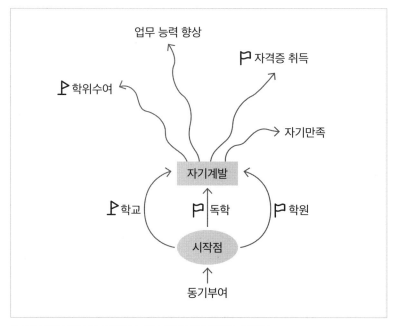

※ 삼각 깃발(⚐)과 사각 깃발(🏳)은 목표 설정에 따른 방향을 나타낸다.

게 되었고, 결국 종착점도 달랐다.

내 사례에서 보듯이, 우리가 세우는 목표는 그 결과까지도 좌우한다. 어쩌면 목표를 설정할 때부터 종착점은 정해져 있을지도 모른다. 아무리 가볍게 정한 목표일지라도, 목표가 정해진 그 순간부터 내 안에 실천 의지가 생기고 그로 인해 내가 행동하게 되니 '목표' 자체가 사실은 매우 '강력한' 결과일 수 있다.

이미 공부법을 다룬 무수히 많은 책에서 목표 설정에 관한 중요성을 언급해 왔다. 시험에서 우수한 성적을 받고 원하는 곳으로 입학/취직한 사람들의 경우나, 역경을 이겨내고 성공한 사람들의 말과 글을 통해서 우리는 목표 설정의 중요성을 발견할 수 있다. 심리학, 정신의학, 교육학 등 여러 분야의 학자들 또한, '목표 설정'은 그 자체로 강력한 힘이라고 말한다. 막연하기만 했던 나의 꿈을 확고하게 만들고 그것을 이루려는 의지를 내 안에서 불러내어 마침내 현실로 이루어지게 하는 것. 그것이 바로 목표 설정이 가진 힘이다.

구체화: 목표 설정은 명확하고 구체적이어야 한다

전 세계적으로 유명한 《시크릿The Secret》이라는 책에는 이런 글귀가 있다.

당신은 원하는 것을 선택할 수 있지만, 그것이 무엇인지 분명하게 알아야 한다. 바로 그것이 당신이 할 일이다. 명확하지 않으면 '끌어당김의 법칙'이 당신의 소망을 들어주시 못한다. 뒤죽박죽된 신호를 전송하면 뒤죽박죽된 결과만 얻을 뿐이다. (중략) 정말로 원하는 것을 한번 기록해보라. 무엇이든 될 수 있고, 할 수 있고, 가질 수 있고, 어떤 한계도 없다. 무엇을 원하는가?

– 론다 번Rhonda Byrne, 《시크릿》

여기에 나오는 '끌어당김의 법칙'이 아주 매력적이다. 《시크릿》에서는 우리가 지금 맞닥뜨리는 모든 것은 우리가 끌어당긴 결과라고 말한다. 무언가를 기대하면 그것을 강력한 힘으로 끌어당기게 되고, 우주는 "분부 받들겠습니다"라며 그에 대답하면서 말이다. 그것이 좋은 것인지 나쁜 것인지 우주는 알지 못한다. 단지, 우리가 원한 것이라는 것만 알 뿐이다.

그래서 일단 이 원리를 받아들이고 나면 그다음은 인생에 좋은 일만 남았다는 것이 '끌어당김의 법칙'의 핵심이다. 왜냐하면, 앞으로의 인생은 내가 생각하기에 달려 있고, 좋은 생각만 하면 좋은 일일어날 것이기 때문이다.

공부법과는 전혀 상관없어 보이는 이 '끌어당김의 법칙'이, 나는 목표를 세우는 부분에도 아주 정확하게 관통한다고 생각한다. 내가 무엇이 될지, 무엇을 하고 싶은지도 확실하지 않은 상태에서 백날 "꿈은 이루어진다!"고 외쳐봤자, 나의 뇌는 아무것도 알아듣지 못한다.

하지만 '연봉을 올리고 싶다'는 명확한 목표를 갖게 되면 그 목표를 이루기 위해 내가 해야 할 일들에는 무엇이 있는지 알아보게 되고 그중에서도 내가 가장 잘할 수 있는 것을 찾아가게 된다. 나의 머리와 몸은 명확한 목표가 보여야만 반응하고 행동하기 때문이다.

'회사에서 인정받고 싶다'는 막연한 바람보다는 '관련 부서에서 경력을 쌓아 이 분야의 전문가로 거듭난 후 회사에서 인정받는다'는 계획이 실제로 나를 움직인다. 방향이 명확하기 때문이다. 방황이 명확하면 내가 가야 할 길이 보인다. 그리고 길이 보여야 앞으로 나아갈 수 있다. 우리가 하는 모든 일에 '그냥'이란 없다. 내가 오늘 치킨을 먹는 이유는 '먹고 싶어서'이고, 일을 하는 이유는 '돈을 벌기 위해서'인 것처럼 지금 내가 하고 있는 모든 일에는 그것을 하게 된 이유가 있다.

공부를 하는 이유 또한 마찬가지다. 과거의 내가 꿈을 가졌고, 그 꿈을 이루기 위해 구체적인 목표를 세웠으며, 그 목표에 다가가기 위해서 필요한 것이 공부이기 때문에 지금 혹은 앞으로 공부를 하는 것이다. 즉, 내가 지금 하고 있는 모든 것은 내가 목표로 삼았던 것의 결과이다.

따라서 앞으로 당신이 원하는 꿈이 있다면, 그 꿈을 아주 상세하세 구제화시킨 다음 성확하게 복표를 설정하길 바란다. 지금까지는 단순히 '돈을 많이 벌고 싶어'라고 생각해 왔다면, 앞으로는 '자격증을 취득해서 내 몸값을 높여 연봉을 올리자'고 구체적으로 계획하라. '가족과 많은 시간을 보내고 싶다'는 바람은 '경력을 착실히 쌓아서 퇴근 시간이 일정한 회사로 이직하자'로 바꿔 생각해보자. 이렇게 목표를 구체적으로 상상하고 표현할 때 내가 바라고 생각하는 모든 목표가 점점 현실이 되어 나에게로 다가올 것이다.

소확성: 작지만 확실한 성공을 통해 확신감을 키워라

일상의 목표와는 달리 공부의 길은 중간중간 나의 의지를 약하게 만드는 장애물들이 너무 많다. '오늘 점심은 뭐 먹을까?'와 같이 일상 속에서 자연스럽게 어떤 것을 선택하고, 그 선택대로 가기만 하면 목적지에 도달하는 그런 목표가 아니다. 공부는 목표 지점까지 가는 길 위에, 마치 나를 시험하듯 무수한 장애물들이 있다. 그 장애물들을 전부 넘어야 나의 목표에 도달할 수 있으며 심지어 그것을 넘어서기 위해서는 엄청난 노력이 필요하다.

그래서 우리는 최종 목표까지 가는 길목마다 약간의 노력으로도 이룰 수 있는 자잘한 하위 목표들을 두어 장애물들에 대한 역치를 낮출 필요가 있다. '달성 가능한 목표'라고도 부르는 하위 목표는 장애물들 앞에 나만의 주춧돌을 놓아 넘어가는 길을 조금 수월하게 만들고 어느새 최종 목표에 다가가도록 도와준다. 이런 하위 목표는 아주 작은 것에서부터 시작할 수 있다. '독서실에 5분 일찍 도착하자' '집에 오자마자 스마트 폰 전원을 끄자' '알람 소리에 한 번에 일어나자' '하루에 단 1시간만 이라도 엉덩이를 떼지 말고 공부해보자'와 같이 생활 속에서 손쉽게 달성할 수 있는 것들로 하위 목표를 만들어보자.

최종 목표만을 보면서 가다 보면 어느 순간 목표지점까지 얼마나 남았는지 까마득해지면서 절망감이 느껴질지도 모른다. 그러다 보면 '과연 내가 할 수 있을까?'라는 부정적인 감정이 나도 모르는 사이에 내 마음속에서 생겨나기도 하고 공부 의지 또한 약해진다.

하지만 손만 뻗으면 잡을 수 있을 것 같은 작은 목표들은 다르다. 약간의 노력만으로도 쉽게 이룰 수 있는 목표들은 순간의 자신감을 올려줄 뿐만 아니라, 최종 목표에 가까워졌다는 느낌도 준다. 이렇게 조금씩 노력하면 머지않아 최종 목표 지점에 도착할 수 있겠다는 희망을 품게 되면서 다음 목표를 세우고 도전하는 것에 부담이 줄어든다. 이런 지속적인 성취감은 그 즉시 눈에 보이는 만족감을 주어 내 안에 숨어 있던 자신감을 키워준다. 이렇게 차곡차곡 쌓은 자신감이 내가 꾸준히 공부할 수 있게 하는 원동력이 됨은 물론이다.

1년, 3년, 5년을 단위로 큰 목표를 잡되, 계단을 오르듯 작은 목표들을 그 중간중간에 배치하자. 그리고 나서는 당장 눈앞에 놓인 것부터 해치우는 느낌으로 하나씩 목표를 이루어 가자. 가끔은 지쳐서 그만두고 싶을 때도 있을 것이다. 그럴 때는 하루쯤 쉬어도 된다. 그리고 다음 날부터 다시 작은 목표를 하나씩 완성해 가자. 이렇게 차근차근 작은 목표를 이루어 나가야만 더 큰 목표를 향해 나아갈 수 있다. 처음의 작은 목표 하나를 이루어냈다는 성취감이 두 번째, 세 번째 목표도 이루어낼 수 있게 해주는 원동력이 된다. 또한 그렇게 작은 목표를 이루어 가는 동안 나만의 노하우가 생기고, 다음 목표를 향해 가는 데 가속도가 붙는다.

목표는 하나둘 이뤄가는 과정에서 수도 없이 생기고 또 바뀐다. 사회는 끊임없이 변하고 주변 환경도 변하며 내 가치관도 변하므로 30대에 가졌던 목표와 꿈이 40대가 되어서도 같으리란 보장은 없다. 또한 너무 높은 곳에 있어서 처음에는 막연하기만 했던 거대한 목표도 작은 목표를 꾸준히 이뤄가다 보면 어느 순간 작게 보이기도 하고, 지금까지 몰랐던 부분이 보이는 등 시야가 넓어지면서 최종 목표를 수정하는 일도 생길 수 있다.

그래서 하위 목표를 이룬다는 것은 성취감에 더해 '나의 세계를 넓힌다'는 의미로도 풀이된다. '저녁 8시에는 반드시 책상 앞에 앉기'라는 하위 목표를 잘 지킨 사람이 다음 목표인 '공부 시간 4시간 채우기'도 성공할 확률이 크고, '1년 안에 합격하기' 목표에도 남들보다

<자기계발의 계단>

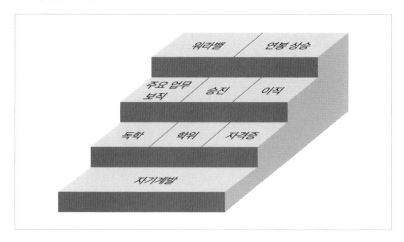

빨리 다가설 수 있다. 단계마다 목표를 이루는 경험을 하다 보면, 다음 목표는 과정이 어떻든 결국엔 해낼 것이란 걸 스스로 알게 된다. 그래서 많은 목표 세우기 과정에서 하위 목표를 강조하고, 그 하위 목표에 크고 작은 의미를 부여하는 것이다.

에베레스트산을 오르기 위해서는 우선 동네 뒷산부터 오르며 산을 오르는 경험과 체력 등을 기르는 것이 중요하다. 그것이 우리가 하위 목표를 세우는 핵심이다. 그 누구도 연습 없이 한 번에 에베레스트를 정복하지 못한다. 작은 목표를 두고 그것을 이루기 위해 노력하여 혼자의 힘으로 넘어가 보자. 계속 앞으로 나아가려는 사람이라면, 그 경험은 무조건 나에게 도움이 된다. 그리고 다음 목표를 향해 갈 때는 지금보다 훨씬 나은 상황일 것이라 확신한다. 빠른 사람은 더 빠르게, 오래 걸렸던 사람이라면 이전보다 훨씬 적은 시간 안에 다음 목표를 이루게 될 것이다.

시각화: 목표를 눈앞에 보이고, 입 밖으로 꺼내라

몇 년 전, 노량진 공시생(공무원 시험 준비생)들이 가상의 공무원증을 만들어 가지고 다닌다는 기사를 봤다.

> "2년째 경찰공무원 시험을 준비하는 김모 씨는 공부가 힘들고 나태해질 때마다 휴대폰 화면의 공무원증을 보며 마음을 다잡는다. 공무원증 속 김모 씨는 진한 파란색 경찰 제복을 입고 환하게 웃고 있다. 머리 위쪽엔 참수리가 그려진 경찰 로고가 박혀있고 아래엔 김 씨의 이름 석 자가 또렷이 적혔다. 김 씨는 이 공무원증을 휴대폰 배경화면으로 해두고 독서실 책상과 스터디 플래너 등 손 닿는 곳마다 붙여뒀다."
>
> – 손호영·김민정, 〈"경찰공무원에 합격하셨습니다" 공시생들이
> 가짜 공무원증 만드는 이유는〉, 《조선일보》, 2017년 2월 5일

원하는 목표를 이루고 싶다면 나의 목표를 시각화해보자. 미래의 명함을 만들어 책상 앞에 붙여두거나, 스마트폰에 사진을 넣어 가지고 다니면서 매일매일 들여다보는 것도 좋다. 내가 이루고 싶은 목표를 시각화하여 보면, 지치고 나약해지는 나를 발견할 때마다 나의 공부 의지를 북돋는 데에 탁월한 효과가 있을 것이다. 실제로 고3 수험생들이나 재수생들의 수험 생활 내용을 살펴보면 본인이 가고자 하는 대학교 로고를 직접 만들어서 소지품에 붙여 놓는다는 이야기가 자주 보인다. 지치고 힘들 때 시각화한 목표를 매일 들여다보면서 마음을 다잡고 합격했을 때의 기쁨을 고스란히 느끼고 나면 어떤 힘든 공부일지라도 더 열심히 하게 된다고 한다.

나 또한 이런 경험이 있다. 나는 공부할 당시 하루 목표 공부량을 적어두는 계획 수첩에 항상 명함을 넣어두었다. 손글씨로 '발송배전 기술사 최영관'이라고 새겨 넣은 이 명함을 수시로 꺼내 보면서 미래에 진짜 기술사가 되어 이 명함을 갖게 될 날을 떠올렸다. 기술사자격증 취득 이후에는 계획 수첩에 박사과정에 들어가서 학위를 받겠다고 적고, 명함에 '공학박사' 한 줄을 추가해 넣었다. 힘이 들거나 공부 의지가 흔들릴 때마다 나만의 가상 명함을 꺼내 보며 마음을 다잡았다. 아무에게도 보여줄 수 없는 나만의 가상 명함이었지만 그 효과는 결코 작지 않았다. 결국 내가 바라던 것을 모두 이루었으니 말이다.

공시생이 자체 제작한 '가상 공무원증'이나, 내가 불안한 마음을 달래고 나태해지는 자신을 다잡기 위해 만들었던 '가상 명함', 그리고 수험생들이 소지품에 붙이고 다닌 서울대학교 로고는 모두 내가 되고 싶은 미래의 모습을 시각화한 것이다. 이렇게 하면 나의 꿈에 한 발짝 다가간 듯 느낄 수 있고 나의 잠재의식은 내가 꾸는 꿈을 곧 내가 이루어낼 '현실'로 받아들이게 된다.

'백만장자가 되고 싶으면 이미 백만장자가 된 듯 행동하라'는 말이 있다. 그것은 백만장자들의 생각과 행동, 가치관을 배우고 따라 하다 보면 어느 순간 그들이 이루어내기까지 쏟은 노력을 알게 되고 이해할 수 있게 되면서 나 또한 그렇게 될 수 있다는 소중한 교훈을 담고 있다. 이렇듯 '눈에 보이는 목표'는 바닥을 드러낸 자동차의 연료통에 다시 연료를 채우듯, 희미해져 가는 나의 공부 의지에 다시 불을 붙이고 앞으로 나아가게 할 힘을 줄 것이다.

반기문 전 유엔사무총장은 1962년 고3 때 참가한 비스타 프로그램(VISTA, Visit of International Student to America의 약자로, 미국 적십자에서 해마다 세계 각국의 청소년들을 미국으로 초대해 진행하는 한 달 동안의 연수 프로그램) 중에 백악관을 견학하게 된다. 이곳에서 청소년들은 케네디 대통령John F. Kennedy과 함께하는 시간을 갖게 되었다. 그 자리에서 케네디 대통령은 한 동양인 청소년에게 장래희망이 무엇이냐고 물었고, 그 소년은 망설임 없이 대답했다. "외교관입니다."

> 소년은 그 대답을 하는 순간, 무언가 선명하고 명확하게 그려지는 기분이 들었다. 무엇이 될 줄 모르면서 하나하나 성실하게만 엮어가던 씨줄과 날줄이 그제야 확실한 모양새를 드러낸 느낌이었다.
> – 신웅진,《바보처럼 공부하고 천재처럼 꿈꿔라》

시각화된 목표의 힘이 느껴지는가? 이러한 사례는 반기문 전 유엔사무총장 외에도 수없이 많다. 대단해 보이는 사람과 그렇지 않은 사람의 차이는 어쩌면, '목표를 구체화하고 그 목표를 시각화하면서 나아갔는지'의 차이일지도 모른다. 만약 지금까지 살아오면서 당신이 목표한 바를 이루지 못한 게 있다면, 그 이유를 곰곰이 생각해보길 바란다. 당신의 목표가 구체적이지 않았고, 그 목표를 잡아당길 만큼 간절히 표현하지 않았기 때문은 아니었을까.

목표를 최대한 구체화하고 시각화하라. 그리고 끊임없이 그것을 입 밖으로 꺼내면서 나의 의지를 다져나가라. 꾸준히 작은 성공을 거듭하여 최종 목표를 향해 조금씩 다가가다 보면 어느새 목표가 현실이 되어 있을 것이다.

최고의 재테크는
주식도 코인도 아닌 공부

어리바리하며 정신없던 직장인 1년 차를 지나 이제 조금 여유가 생기는 2년 차를 넘어서면 '마의 3년 차'라 부르는 시기가 찾아온다. 이 시기에 직면한 사람 중 많은 이들이 이직이나 승진에 대해 고민하고 또 선택하게 된다. 어떤 선택을 하든 적극적으로 행동해야 하는 시기다. 직장인이라면 대부분이 이직을 꿈꾸지만, 그것도 연차가 많이 쌓이지 않았을 때의 일이다. 회사 내에서 연차가 쌓일수록 묵직한 현실이 다가오기 시작하고 이직에 대해서도 더 깊이 고민하게 된다.

'과연 지금보다 더 나은 조건의 회사로 갈 수 있을까?' '그러기 위해 난 얼마나 준비되어 있지?' '힘들게 이직했는데 그 선택이 틀린 것이면 어떻게 하지?' 등 자신의 선택으로 인한 결과가 만족스럽지 못

할까 봐 머릿속이 복잡해진다. 비록 몇 년 안 된 경력일지라도 무시하고 다시 신입사원으로 들어가자니 지난 세월이 아깝고, 경력사원으로 들어가기엔 상대적으로 경력도 짧은 것 같을 때는 더욱 그렇다. 머뭇거림 끝에 몇 번의 도전을 해보긴 하나, 무슨 이유인지 모를 이유로 계속 고배를 맛본다. 그렇게 시간이 흘러 지금 직장에서 승진까지 하게 되면 더 열심히 일에 매진하게 되고, '이곳이 내가 있을 곳인가 보다' 하며 이직을 포기하는 경우도 적지 않다.

하지만 이직이 아니더라도 이 시기에 공부를 하여 무언가에 도전하는 것은 여러 면에서 긍정적인 영향을 줄 수 있다. 업무능력이 좋아져 회사 내에서 나의 가치를 높일 수 있고, 그로 인해 승진의 기회를 잡을 수도 있다. 그런 와중에 우연히 알게 된 공고를 보고 지원하여 실제로 이직하게 될 수도 있으며 더 나아가서는 퇴직 후 펼쳐질 제2의 인생을 구체적으로 꿈꿔볼 수도 있다. 공부는 내가 어떤 선택을 하든 지금의 삶을 더 당당하게 살아가는 데 영향을 준다.

이것은 꼭 이직을 염두에 둔 사람이 아니라도 직장인이라면 누구에게나 해당되는 부분이다. 시작은 단순히 자격증을 취득하기 위해 시작한 공부였더라도 공부라는 계단을 하나씩 오르다 보면 계속 나의 가지를 높여 가게 되고, 그러다 보면 앞으로 내가 선택할 수 있는 영역이 넓어진다. 가고자 하는 곳이 아무리 멀어도 일단 움직이기 시작하면 조금씩 목적지에 가까워지듯 공부에 있어서도 '한 걸음'의 의미는 크다. 이직이나 승진은 그렇게 나의 가치를 높여 가는 와중에 우리한테 찾아오는 '선물' 같은 것이다. 단순히 바란다고 해서 다 되는 게 아니기 때문이다.

이렇게 내가 하고 있는 공부가 회사생활이나 나의 삶에 있어서 긍정적인 영향을 줌에도 불구하고 승진에는 도움이 되지 않을 수도 있다. 회사마다 승진 평가 기준이 다르고, 그 평가 항목 안에 자격증 취득 여부가 없는 회사들도 많기 때문이다. 업무 능력과 직원들과의 관계 중에서 어떤 것을 더 중요시하는지도 회사마다 제각각이라서 자격증 공부를 바라보는 시선도 다를 수 있다. 관계를 중시하는 회사라면 직원들 모임에 소극적인 사람을 그리 반기지 않을지도 모른다. 그 이유가 개인적인 공부 때문이었다는 걸 알게 된다면 더더욱 좋지 않다. 정확한 근거는 못 대도 공부로 인해 일에 소홀해졌다고 생각하고, 사생활을 이유로 직원들과의 관계에 애쓰지 않는 모습을 보면서 결국 팀에도 악영향을 준다고 생각하기 때문이다.

실제로 그런 일을 경험한 상사라면, 공부가 가진 많은 장점에도 불구하고 사원들의 자기계발을 마냥 부추길 수만은 없다. 이런 풍조 속에서는 개인 시간에는 남모르게 공부하느라 힘들고, 일은 일대로 더 열심히 해야 하는 상황에 직면하게 된다. 개인적인 공부가 일에 악영향을 줬다는 인식을 줘선 안 되기 때문이다. 이런 개인적인 힘 겨움 속에서 최선을 다해 일을 해도 승진을 못 하는 일이 허다하다. 승진은 업무 능력도 중요하지만, 그것만으로 평가되지 않기 때문이다. 이는 내가 어찌할 수 없는 일이다.

하지만 이직은 조금 다르다. 당신이 면접을 볼 회사는 당신이 낸 이력서에 근거하여 철저하게 당신을 객관적으로 바라본다. 당신의 경력career과 일을 대하는 태도, 주변인과의 관계, 그리고 그 사람이 가진 자격을 볼 수밖에 없다. 이 중에서도 자격증은 비슷한 경력과 자격을 갖춘 사람들 사이에서 나를 한 번 더 강하게 어필할 수 있는 최고의 방법이다.

미래의 이력서를 써보자

이직하려고 마음을 먹었든 아니든 현재의 나를 객관적으로 바라보기 위해서는 이력서를 써보는 것만큼 확실한 게 없다. 경력직 이력서를 쓴다고 가정해보자. 먼저 전/현직 회사 근무 기간이 들어갈 것이고, 그 기간 동안 내가 한 대표적인 일들(경력)이 나열될 것이다. 그러고 나서 들어가게 되는 것은 나의 '기록'이다. 어학 시험 점수, 논문, 특허, 저서, 자격증 등 내가 이루어 놓은 기록들을 적어 넣는다.

이력서에 업무와 연관된 다양한 기록들을 채워 넣는 것은 생각보다 큰 무기가 된다. 모든 지원자가 직장에서 성실히 경력을 쌓아왔다고 가정할 때, 이 기록들은 나를 차별화시키고 빛나게 할 수 있는 한 가지가 될 수 있다. 이런 기록들은 면접관에게, '수년간 회사 일에 성실했을 뿐만 아니라, 끊임없이 자기계발을 하며 자신을 단련시켜 온 사람이구나!'라는 메시지를 주기에 충분하다.

만약 지금 시점에서 쓴 이력서가 내가 한 일에 비해 너무 보잘것없다고 느껴진다면 '미래의 이력서'를 써보기를 추천한다. 미래의 이력서는 달리 말하면, 미래에 내가 채우길 바라는 '희망 이력서'이다. 내가 지금 하고 있는 일에서 이직에 필요한 경력이나 자격증이 어떤 것이 있는지 생각해 보고 인정받을 수 있는 경력이 뭐가 있을지 고민해보자. 혹은 내가 가고 싶은 회사를 꾸준히 조사하여 그곳에서 원하는 인재상은 무엇인지 알아보고 그에 맞는 경력이나 필요한 자격증을 이력서에 나열해 보면 좋다.

나를 객관적으로 바라볼 수 있는 용도로 이력서를 활용하면 지금 내가 해야 하는 일들에 관한 윤곽이 잡히면서 버킷리스트를 하나씩 이뤄나가듯 나의 경력을 만들어나갈 수 있다. 다만, 여기서도 한 가지 주의할 것이 있는데, 모든 이력서의 기본은 '성실함'이라는 것이다. 이력서에서 성실함의 근거는 '근무 기간'에서 찾을 수 있고, 이직의 경험이 들어간다면 누구나 납득 가능한 상황이어야 한다. 따라서 그 어떤 자격증도 경력도, '성실함'이 뒷받침되어야 의미가 있다. 자주 직장을 옮기면서 자격증만 많다고 하여 그 사람을 능력 있는 사람으로 간주하지 않는다. 기업은 '능력 있고', '성실한' 인재가, 우리 회사에 와서 '꾸준히' 일해주길 원한다.

내 업무와 관련된 자격증을 나열해 보자

가까운 미래에 이직을 하거나 승진을 하기 위해 공부를 해야겠다고 마음먹었다면, 도전할 만한 자격증들을 찾아 나열해 보는 것도 좋은 방법이다. 지금 내 업무와 관련하여 공식/비공식적으로 가치가 매겨진 자격증들도 좋고, 꼭 지금 나의 업무와 관련된 것이 아닐지라도 미래의 삶을 위해 도전해 볼 만한 가치가 있다고 판단되는 자격증들도 괜찮다.

자격증이라고 콕 집어 말한 이유는 직장인들의 공부라는 게 진로를 바꾸지 않는 이상 '국가공인 자격증'인 경우가 많기 때문이다. 전공을 바꿔서 대학교에 입학하거나 전문대학원을 준비하는 경우 또한 직장인의 공부에 들어갈 수 있으나, 여기서는 '업무와 관련된' 공부를 생각하다 보니 가장 먼저 자격증을 언급하게 되었다. 관련 자격증들을 나열해 봤다면 각 자격증의 시험 과정과 취득 후 진로 또한 알아보자. 찾아보면 생각했던 것 이상으로 하나의 자격증에 관련된 전공도 다양하고, 자격증 취득 후 뻗어나갈 수 있는 진로가 다양하다는 것을 알게 될 것이다.

이렇게 해당 자격증을 찾아보는 과정에서 자연스레 그 자격증의 미래 가치를 알 수 있다. 산업이 발달하면서 떠오르는 기술, 더 중요해지는 분야, 이전엔 각광받았으나 중요성이 점점 축소되는 산업 등을 과거의 흐름을 통해 알게 된다. 국가기술자격 및 국가전문자격증은 관련 홈페이지에 들어가서 정확한 정보를 얻을 수도 있고, 그 외에 포털 사이트를 통하거나 관련 카페에 가입하여 정보를 얻을 수도 있다. 현재에 머무르지 않고 발전해야겠다고 생각했다면 꼭 한번 찾아보자.

밖에서 보는 건물과 안에서 보는 건물이 다르듯이 자격증도 마찬가지다. 지금까지 표면적으로만 알아 왔던 것들을 이제부터는 속속들이 들여다보자. 이렇게 어떤 자격증이 있는지 알아보고 파악하는 것만으로도 내 미래를 설계하는 데 긍정적인 영향을 준다. 어렵고 막연하게만 느껴졌던 자격증이, 알아볼수록 나에게 가깝게 다가오면서 '너도 할 수 있어!'라는 자신감을 주기 시작한다. 그동안 몰랐던 자격증의 장점들도 보이고, 그 자격증을 이미 취득하고 있는 지인이

나 자신의 롤 모델에게 구체적인 얘기라도 들을 수 있다면 더욱 긍정적으로 마음에 와닿으면서 취득에 대한 열망이 강렬해지기도 한다.

특히, 전문자격증을 취득해두고 있으면 원치 않게 퇴사를 통보받거나 회사의 사정이 어려워지는 갑작스러운 위기 상황이 닥쳤을 때, 나의 가치를 흔들리지 않게 해준다는 점에서 더 빛을 발한다. 만에 하나 회사가 어려워지면서 희망퇴직 신청을 받는다고 할 경우, 전문자격증이 있다면 비교적 쉽게 관련 업계로 재취업을 모색해볼 수도 있다. 또한 현재 다니고 있는 회사보다 좋은 조건으로 이직을 할 수도 있을 것이고, 지금의 회사와 비교했을 때 연봉이나 직급 면에서 만족할만한 수준은 아닐지라도 칼바람이 부는 태풍 속에서 비바람을 피할 안전한 곳에 착륙했다는 사실은 무엇과도 비교할 수 없는 안정감을 줄 것이다.

생각지도 못하게 업계를 변경했는데 연봉까지 높아지는 경우도 있다. 자신이 취득한 전문자격증을 인정해주지 않는 회사에 다니다가 자격증을 인정해주는 업계로 이직하게 되었다면 연봉 상승을 기대할 수도 있다.

결과적으로 공부는 미래에 내가 누릴 것들이 풍부해질 것이라는 확신뿐만 아니라 직장 생활에 임하는 나의 태도에 자신감과 당당함까지 안겨주어 더 적극적으로 업무에 임하게 하는 계기를 만들어준

다. 시작은 이직이나 승진을 위한 도전이었을지 몰라도, 나의 '현재'
는 물론 미래의 삶까지도 더욱 풍성하게 하고 긍정적인 영향을 끼치
는 것이 바로 공부다. 그러므로 어떠한 것이든 좋다. 자신을 갈고닦
을 수 있는 공부를 지금 당장 시작하라.

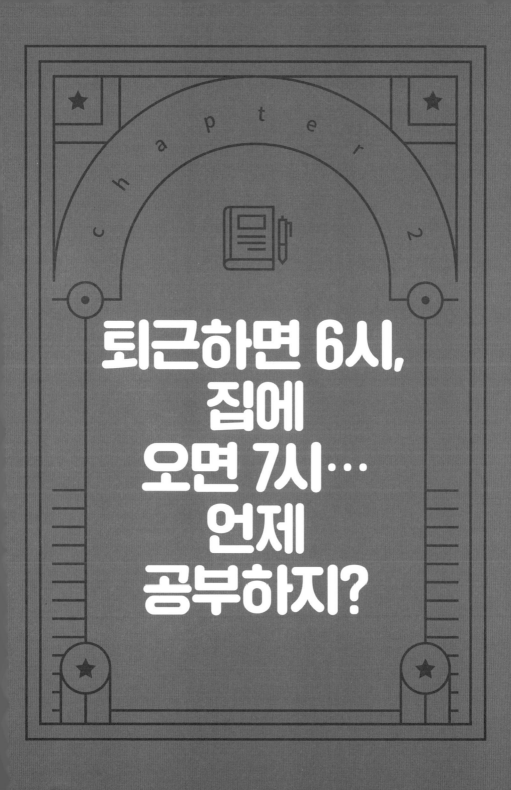

퇴근하면 6시, 집에 오면 7시… 언제 공부하지?

하루 일과를 기록해야
공부할 틈이 보인다

완벽한 공부 계획, 어떻게 짜야 할까?

당신이 어떤 직종에 종사를 하고 있든, 대부분의 사람들은 업계에서 연차가 쌓이면 두 부류로 나뉜다.

첫 번째 부류는 월급을 올리기 위해 노력하는 사람들로, 직장 내에서 좋은 성과를 올리기 위해 고군분투하는 경우가 대부분이다.

두 번째 부류는 이직을 하는 사람들이다. 이유는 가지각색이다. 월급, 앞으로의 전망, 사내 분위기, 적성 등 다양한 원인이 있는데, 원인에 따라 동종업계로 이직을 하거나 아예 다른 업계를 찾기도 한다.

두 경우 모두 결국 필요한 것은 공부이다. 같은 회사에서 월급을 올리기 위해서는 그만큼의 능력이 필요하며 이직을 하기 위해서도 공부가 필요하다.

심지어 당신이 40대, 50대 근로자라고 해도 공부는 필요하다. 100세 시대에서 공부는 곧 스펙이고, 자신이 원하는 것을 하고 싶을 때 그것을 뒷받침해주는 가장 든든한 지원군이기 때문이다.

하지만 대부분의 사람들이 공부를 하는 도중 포기해버리고 만다. 왜일까?

제일 많이 나오는 답이 '시간이 없어서'다. 직장인에게 여유 시간은 늦은 저녁밖에 없다는 게 이들의 논리다. 자투리 시간으로는 공부를 하기 어렵고 합격을 하기는 더욱 어렵다. 언뜻 보기에는 맞는 말이다. 하지만 정말 여유 시간이 늦은 저녁밖에 없을까?

자, 생각해보자. 직장인에게는 어제가 오늘 같고 오늘이 내일 같다. 업무 종류나 업무량, 직장의 분위기에 따라, 혹은 통근 거리, 결혼, 자녀 유무에 따라 약간의 차이는 있겠지만, 기본적으로 오전 9시부터 오후 6시까지는 회사에 매여 있어 개인 시간을 낼 수 없는 것은 어느 직장인이나 마찬가지다. 다만 출근 전, 퇴근 후의 생활이 다르고, 주말을 보내는 방법이 다를 뿐이다.

식상인들은 이렇게 제한된 시간 때문에 학생 때처럼 마음만 먹는다고 단기간에 무언가를 성취하는 것이 그리 녹록지 않다. 물리적인 시간이 부족해서, 업무로 지치고 힘들어서, 무엇을 어디서부터 시작해야 할지 몰라서, 나한테 맞는 공부법을 못 찾아서, 집에서도 할 일이 많아서, 아이가 너무 예뻐서 등 시간을 못 만드는 이유는 다양하다. 하지만 이렇게 꽉 차 보이는 하루 중에도 잘 살펴보면 공부하기 위한 시간을 찾을 수 있다.

내가 사용하는 시간을 기록해보자

많은 사람이 자신의 하루 생활을 누구보다 잘 알고 있다고 생각하겠지만 사실은 그렇지 않을 때가 많다. 시간의 흐름을 매 순간 인지하지 못할뿐더러 재밌거나 바쁠 때와 지루하거나 한가할 때 느끼는 시간의 흐름이 전혀 다르기 때문이다. 우리는 좋아하는 사람과 함께하는 모임에서는 세 시간을 앉아 있어도 한 시간이 지나간 듯 느끼지만, 재미없는 공부는 한 시간을 공부했어도 세 시간을 앉아 있던 것같이 느껴진다.

그래서 느낌만으로는 내가 시간을 어떻게 사용하고 있는지 측정하기 어렵다. 일어나서 잠들 때까지 실제로 내가 한 행동들을 의식하며 시간대별로 기록해 봐야, 내가 쓴 시간의 양을 정확히 알 수 있고, 그 사이에서 비어 있는 시간의 틈을 찾아낼 수 있다. 따라서 본격적인 공부에 들어가기에 앞서 자신의 일상을 분석하여 일일 생활 기록표를 작성하는 것은 직장인의 공부에서 계획표만큼이나 중요한 일이다. 그래야 그 틈을 비집고 공부 시간을 만들어내고 굳이 하지 않아도 되는 일정들을 과감히 정리할 수 있다. 자신의 하루 일과를 측정한다는 것이 얼핏 생각하면 막연해 보이기도 하지만, 사람의 생활 패턴, 특히 직장인의 경우는 그 패턴이 단순하고 반복적이므로 기록하는 게 어렵지 않을 것이다.

<나의 일과 기록>

- 몇 시에 일어났나?
- 출근 전까지 무엇을 했고 그 행동을 하는 데 걸린 시간은 얼마인가?
- 출퇴근 시의 교통편은 무엇이며, 그 시간을 어떻게 보냈나?
- 점심 식사 후엔 누구와 무엇을 하며 보냈나?
- 퇴근 시간은 일정한가?
- 특별한 저녁 약속이 없는 날, 집에 들어와서 저녁 식사를 마치기까지 시간은 얼마나 걸리는가?
- 저녁 약속이 있는 날, 평균 귀가 시간은 언제이며 돌아와서 무엇을 하는가?

- 저녁 약속은 내가 잡은 것인가, 다른 사람이 잡은 것인가?

- 그 모임은 반드시 참석해야 하는 모임이었나?

- 저녁 식사 일정이 생겼다면 그것은 정기적인 만남인가, 아니면 특별한 경우인가?

- 저녁 식사 후 잠들기 전까지 내가 한 일은 무엇인가?(시간대별로/구체적으로 나타내보자)

- 나는 하루 동안 스마트폰을 얼마나 봤나?

- 하루에 TV를 시청하는 시간은 얼마나 되는가?

- 몇 시에 잠을 자는가?

- 주말에는 몇 시에 일어나는가?

- 주말의 TV 시청 시간은 몇 시간인가?

- 주말에 내가 해야 할 집안일을 전부 하는 데 걸린 시간은 얼마인가?

- 주말에 가족과 함께 보낸 시간은 얼마나 되나?

- 주말에 모임이 있었는가?(정기적/비정기적)

- (이어서) 그 모임은 꼭 필요한 모임인가?

- 주말에는 몇 시에 잠드는가?

위의 항목들을 어느 정도 채웠으면 그 내용을 바탕으로 자신의 하루를 쭉 훑어보자. 분 단위로 바쁘게 보낸 하루였거나, 하는 일 없이 흘러보낸 시간이 많을 수도 있다. 내 일정에서 빼면 안 되는 꼭 필요한 약속이 있는 반면, 참석하지 않아도 될 모임이 보이는 등 내 시간을 객관적으로 들여다볼 수 있다.

다음은 나의 하루를 기록한 것이다.

<공부 시작 전>

일과	시간 기록
몇 시에 일어났나?	7시에 일어났다.
출근 전까지 무엇을 했고 그 행동을 하는 데 걸린 시간은 얼마인가?	출근 준비에만 시간을 보냈고, 그 시간은 30분이다.
출퇴근 시의 교통편은 무엇이며, 그 시간을 어떻게 보냈나?	자가용으로 이동했고, 도중에 특별히 한 일은 없다.
점심 식사 후엔 누구와 무엇을 하며 보냈나?	식사 후 동료들과 산책 또는 잡담을 했다.
퇴근 시간은 일정한가?	일주일에 평균 세 번은 회식이 잡혀 있어 퇴근 시간이 늦은 편이다.
특별한 저녁 약속이 없는 날, 집에 들어와서 저녁 식사를 마치기까지 시간은 얼마나 걸리는가?	7시에 귀가해서 씻고 식사를 마치면 약 8시가 된다.
저녁 약속이 있는 날, 평균 귀가 시간은 언제이며 돌아와서 무엇을 하는가?	11시에 귀가해서 씻고 바로 취침을 한다.

저녁 약속은 내가 잡은 것인가, 다른 사람이 잡은 것인가?	대부분은 회사에서 만들어진 모임이다.
그 모임은 반드시 참석해야 하는 모임이었나?	다 같이 참석하는 자리였고 회사 사택(독신자 숙소)에서 지내는 걸 모두가 아는 터라 딱히 빠질 명분이 없었다.
저녁 식사 일정이 생겼다면 그것은 정기적인 만남인가, 아니면 특별한 경우인가?	정기적인 모임과 갑작스런 모임이 늘 혼재한다.
저녁 식사 후 잠들기 전까지 내가 한 일은 무엇인가?(시간대별로 구체적으로 나타내보자)	19시 산책, 20시~23시 인터넷 등 일상생활(지나고 나면 특별히 기억나지 않는 일들)을 한다.
몇 시에 잠자리로 가는가?	평균 12시에 잠에 들었다.
주말에는 몇 시에 일어나는가?	약 9시(알람 안 맞추고 눈떠지는 대로 일어났을 때)에 일어난다.
주말의 TV 시청 시간은 몇 시간인가?	약 1시간 정도 시청한다.
주말에 내가 해야 할 집안일을 전부 하는 데 걸린 시간은 얼마인가?	내가 해야 할 일의 구분이 없다.
주말에 가족과 함께 보낸 시간은 얼마나 되나?	하루 종일 같이 보낸다(마트, 청소, 대화, 휴식 등).
주말에 모임이 있었는가?(정기적/비정기적)	비정기적으로 밴드 연습(취미 활동)이 있다.
(이어서) 그 모임은 꼭 필요한 모임인가?	유일한 취미로써 필요하다.

주말에는 몇 시에 잠드는가?	토요일은 시간을 정하지 않고 늦게 잔다. 일요일은 다음날 출근을 위해 12시에 잔다.

이처럼, 공부를 시작하기 전, 내 일정은 온통 회사일과 회사와 관련된 일이 대부분이었다. 주말에도 경조사 일정이 아니면, 여자 친구와 데이트하거나 가족과 외식하는 게 전부였다. 이런 나의 일정은 공부를 시작하면서 완전히 바뀌게 된다.

<공부 시작 후>

일과	시간 기록
몇 시에 일어났나?	6시에 일어났다.
출근 전까지 무엇을 했고 그 행동을 하는 데 걸린 시간은 얼마인가?	일어나자마자 바로 수영장으로 가서 1시간 동안 수영을 했다.
출퇴근 시의 교통편은 무엇이며, 그 시간을 어떻게 보냈나?	자가용을 이용한다. 운전하는 데 집중하느라 다른 건 할 수 없다.
점심 식사 후엔 누구와 무엇을 하며 보냈나?	동료들과 식사 후 남은 30분 동안 차에 와서 노트 정리한 것을 다시 본다.

퇴근 시간은 일정한가?	회식이 없는 날은 평균 7시에 퇴근한다.
퇴근 후의 일정을 내가 유연하게 계획할 수 있는 환경인가?	신입사원이라서 30%만 가능하다.
특별한 저녁 약속이 없는 날, 집에 들어와서 저녁 식사를 마치기까지 시간은 얼마나 걸리는가?	혼자 먹으니 30분이면 끝난다. 대략 7시 반이면 저녁 식사를 마친다.
저녁 약속이 있는 날, 평균 귀가 시간은 언제이며 돌아와서 무엇을 하는가?	술자리로 이어지지 않는 경우엔 9시 내외에 귀가하고 바로 독서실에 간다. 술자리로 이어지는 경우에는 11시 이후에 귀가한다.
저녁 약속은 내가 잡은 것인가, 다른 사람이 잡은 것인가?	대부분이 공식적인 회식이거나 상사가 만든 갑작스런 모임이다.
그 모임은 반드시 참석해야 하는 모임이었나?	공식적인 회식을 제외하고 사적인 모임은 두 번 중 한 번은 거절하기 시작했다.
저녁 식사 일정이 생겼다면 그것은 정기적인 만남인가, 아니면 특별한 경우인가?	특별한 경우가 대부분이다. 정기적인 모임은 주말에 있고 그조차 공부와 관련된 것이다.
저녁 식사 후 잠들기 전까지 내가 한 일은 무엇인가?(시간대별로 구체적으로 나타내보자)	① 저녁 식사 후 8시부터 1시간 동안 공부를 하다가 같은 사택 사람들과 11시까지 맥주를 마셨다. 돌아와서 바로 취침했다. 목표로 한 공부 시간은 4시간이었으나 실제 공부한 시간은 1시간이다.

	② 저녁 식사 후, 바로 독서실에 가서 8시부터 공부를 시작했다. 너무 피곤해서 8시 30분부터 9시까지 눈을 붙였다. 그 후 12시까지 계속 공부를 했다. 총 공부 시간은 3시간 30분이다.
몇 시에 잠자리로 가는가?	1시에 잠자리에 들었다.
주말에는 몇 시에 일어나는가?	7시 30분에 일어난다.
주말의 TV 시청 시간은 몇 시간인가?	불필요한 TV시청을 없앴다.
주말에 내가 해야 할 집안일을 전부 하는 데 걸린 시간은 얼마인가?	약 1시간 정도 소요된다.(아내와 상의 하에 욕실청소, 분리수거만 담당했다)
주말에 가족과 함께 보낸 시간은 얼마나 되나?	4시간 미만(식사 시간, 저녁 휴식 및 대화 시간 등)이다.
주말에 모임이 있었는가?(정기적/비정기적)	비정기적으로 밴드 연습(취미 활동)이 있다.
(이어서) 그 모임은 꼭 필요한 모임인가?	유일한 취미이자 스트레스 관리를 위해 필요하다고 생각하지만 시간 관리를 위해 빈도를 줄였다.
주말에는 몇 시에 잠드는가?	1시에 잠자리에 들었다.

　　이처럼 공부를 시작한 후 나의 모든 일상은 '공부'에 맞춰졌다. 출근 준비만 하기에도 바빴던 아침 시간은 기상 시간을 앞으로 당기면

서 여유 있게 운동에 활용할 수 있었고, 평일에 줄기차게 있었던 회식 일정은 반드시 참석해야 하는 공식적인 행사가 아니면 하나둘씩 거절하게 되었다. 점심 식사 후 직원들 사이에서 벗어나 자동차 안 또는 혼자 있을 수 있는 공간에서 공부하는 시간을 일주일에 단 한 번이라도 가지려 노력했고, 저녁에는 독서실을 다니면서 총 공부 시간을 정확히 체크했다. 다른 자투리 시간도 모두 소중했지만, 특히 저녁 모임을 최소로 하면서 퇴근 후에 개인 시간을 많이 만든 것이 공부 시간을 만드는 데 있어서 매우 주효했다.

결혼 후 아이가 태어나기 전 생활은 미혼 때와 크게 다르지 않았다. 내가 해야 하는 집안일(욕실 청소, 분리수거)이 생겼다는 것 외에는 결혼 전과 다름없이 공부할 수 있었다(물론, 아내의 배려가 있었기에 가능했다). 그 후 아이가 태어나면서 가족과 함께 하는 시간이 늘어났고, 이에 따라 공부 장소, 공부 시간 등을 다시 조율해야 했다.

새벽/밤 할 것 없이 아이가 부모 손을 필요로 하는 상황에서 아내와 번갈아 아이를 돌보느라 공부 시간은 당연히 줄어들었고, 아침에 일찍 일어나기 힘들어지면서 아침 운동 시간은 사라졌다. 공부 시간을 유지하기 위해서는 역할 분리가 절실했고, 난 새벽 시간대를 맡게 되었다. 그리고 공부방을 현관문에서 가장 가까운 곳으로 옮겨 아이 눈에 띄지 않게 퇴근하면서 저녁 공부 시간을 유지하려 노력했다.

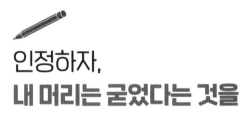

인정하자,
내 머리는 굳었다는 것을

　대부분의 직장인들은 직장 생활에 익숙해지고 나이가 들어감에 따라 신체적 기능과 인지적 기능이 저하된다. 이는 어쩔 수 없는 일이다. 하지만 이를 핑계로 공부를 포기한다면 이는 어쩔 수 없는 일이 아니라 미래에 대한 가능성을 저버리는 것이다.

　그렇다면 어떻게 해야 할까? 우선 자신이 무엇을 알고 무엇을 모르는지 스스로 깨달아야 한다. 이를 '메타인지 능력(자신이 무엇을 얼마만큼 할 수 있는지 객관적으로 파악하는 능력)'이라고 한다. 메타인지라는 용어는 미국의 발달심리학자인 존 플라벨J. H. Flavell이 1976년에 처음 사용했으며, '자신의 생각에 대해 판단하는 능력'을 말한다. 다시 말해 인식에 대한 인식, 생각에 대한 생각 등 더 높은 차원의 생각하는 기술이다.

수험생은 이 메타인지를 이용하여 자신의 학습 상태를 객관적으로 판단한 다음 앞으로의 공부 방향을 결정할 수 있다. 교육학에서는 뛰어난 메타인지를 가진 사람일수록 적절한 시기에 적절한 도전을 함으로써 빠른 학습 속도를 보인다고 한다. 예를 들어, 수영을 배운 사람이 '나는 100m를 완주할 수 있을까?'를 스스로 생각해보고, 만약 완주할 수 없다는 결론에 이르렀다면 나에게 부족한 부분이 연습량인지 기술인지를 스스로 판단하는 것이다.

이처럼 나의 학습에도 메타인지를 적용시키면 자신의 현재 능력과 부족한 부분을 정확히 파악하여 시간과 노력을 필요한 곳에 적절히 투자할 수 있고, 따라서 효율성이 극대화된다. 특히 직장인이 되어 공부를 하게 되면 이 '메타인지 능력'이 매우 중요해진다. 가뜩이나 없는 시간을 쪼개어 공부까지 하는 중이라서 적은 시간 동안에 많은 걸 습득할 수 있는 효율성이 그 어느 때보다 절실해지기 때문이다. 다행히도 성인이 되면서 이 메타인지 능력은 점점 향상된다고 하니, 자신감을 갖고 메타인지 능력을 활용하여 나를 샅샅이 파악해보자.

① 선험지식: 내가 무엇을 잘하는지 최대한 구체적으로 적어보자

어려서부터 책 읽는 것을 좋아한다거나, 무엇이든 배우는 것에서

에너지가 샘솟는 경우, 단기 기억력은 누구에게도 뒤지지 않는다거나, 주변 사람들 특징을 잘 잡아내어 흉내를 잘 내는 것 등 아주 사소한 것들일지라도 모두 나를 파악하는 데 도움이 된다고 생각하고 하나씩 나열해 보자. 이렇게 적어 내려가다 보면 생각지도 않게 나의 새로운 점을 발견하게 될지도 모른다.

② 절차 지식: 공부할 때 얼마만큼의 노력과 시간을 들여야 습득할 수 있는지 파악한다

학창 시절을 떠올려보거나, 최근에 시험을 치르기 위해 준비했던 경험이 있다면 그 준비 과정을 돌이켜봐도 좋다. 수업 시간에 집중해서 듣는 것만으로도 수업 내용의 대부분을 이해하고 기억해낼 수 있는 사람, 수업이 끝난 직후 시험 때까지 적어도 교과서를 세 번 이상 반복해서 봐야 내용이 머릿속에 들어오는 사람, 교과서를 보기만 해도 그 내용이 사진 찍듯 머릿속에 각인되는 사람 등 사람마다 파악 능력은 매우 다를 것이다.

③ 전략 지식: 어떤 방식으로 공부해야 결과가 좋았는지 분석한다

평소에 예습과 복습을 착순히 하면서 콩나물에 물 주듯 반복했던 경우, 평소 수업 시간 외에는 교과서를 멀리하다가 시험을 앞두고 벼

락치기로 밤을 새워서 공부하여 꽤 괜찮은 결과를 낸 경우가 있을 수 있다. 또한 수업 시간에 들은 것만으로도 완벽에 가까운 지식 습득이 가능한 사람, 무엇이든 이해가 선행되어야 암기가 잘 되는 사람, 이해가 잘 안 될 땐 일단 암기를 먼저 한 다음 이해하는 사람 등 공부의 방법 역시 사람마다 자신에게 맞는 방법이 매우 다양하다.

이렇게 나의 장단점을 파악하는 것은 내가 잘하는 것과 못하는 것을 정확히 자각하여 장점을 극대화시키고 단점은 보완하기 위함이다. 그래야 만에 하나 내 공부 방법이 잘못된 방향으로 가고 있을지라도 곧바로 그것을 알아채고 다시 올바른 공부 방법을 찾아낼 수 있다. 하나 다행인 것은, 메타인지 능력은 연습을 하면 할수록 향상되어 나중엔 나 스스로에 대한 파악이 점점 빨라질 수 있다는 것이다. 그래서 처음엔 나에 대해 생각하고 분석하는 시간이 지루하게 느껴질지라도, 꾸준히 연습해 보는 것이 중요하다. 메타인지를 이용하여 반복적으로 나를 분석해 봄으로써 내가 진짜로 좋아하는 것을 알게 되기도 하고, 지금까지 몰랐던 나의 허점을 발견하여 보완할 수 있게 되면서 나에게 꼭 맞는 공부 방법을 찾기도 한다.

메타인지를 활용하여 나의 강점을 파악하고, 이를 통해 나에게 맞는 공부 방법을 찾으면 그렇지 않을 때보다 수월하게 공부를 시작할 수 있다. 설령 공부하다가 너무 힘들어지는 시기가 오더라도 자신을 객관적으로 판단하고 자신의 강점을 확실히 알고 있기 때문에 쉽사리 목표를 포기하지 않는다.

나의 장/단점 찾기

나는 기술사 공부를 시작한 지 얼마 안 된 시점에 몇 년이 걸릴지 모를 이 시험에 뛰어드는 게 과연 잘한 결정인지 알아보기 위해 스스로를 객관적으로 분석해 봤던 적이 있다.

· 나의 무기는 진득함과 꾸준함이다.

· 암기 능력은 떨어지지만 이해력은 괜찮다.

· 속독은 어렵지만 정독은 가능하다.

· 글보다는 수식을, 논술보다는 증명을 선호한다.

· 다양한 강의를 수강한 경험으로 수업의 핵심을 잘 파악할 수 있다.

· 자격증 공부를 여러 번 해오면서 출제자의 의도를 파악하는 능력이 좋아졌다.

· 어떤 일을 반복하는 것에 대한 거부감은 없다.

· 술을 안 좋아해서 일부러 술 약속을 잡는 일이 거의 없다.

- 한 번 앉으면 기본적으로 3시간은 집중할 수 있다.

- 수업을 듣고 한 번에 이해하기 어려운 부분이 많다.

- 이해가 안 되면 일단 암기부터 하고 그다음에 이해하려고 노력한다.

- 집과 떨어져 사택 생활을 하기 때문에 생활이 흐트러질 가능성이 있었다.

- 잠을 줄이는 게 힘들어서 깨어있는 동안에 목표량을 채우려고 노력하다 보니, 일정 시간 동안 집중력을 높일 수 있게 되었다.

- 아침에 일찍 일어나는 것이 너무 힘들다.

- 저녁 공부가 훨씬 수월하다.

시험 특성과 나와의 적합성

당시 내가 파악했던 기술사 시험은 직무적성평가(PSAT/GSAT 등)와 같이 속독과 빠른 이해력이 우선인 시험은 아니었다. 느릴지라도 정독을 하여 정확히 이해할 수 있는 능력이 필요했고, 6개월 미만의 단기 공부가 아닌 수년간의 꾸준함을 요하는 공부였다. 그리고 하나의 챕터 내에 있는 각각의 이론들은 서로 유기적으로 연결되어 있어서, 하나를 제대로 이해하면 적어도 다음 두 개의 이론에서 새로 받아들여야 할 부분이 줄어드는 시험이었다.

또한 수년간의 시험 데이터들이 쌓이면서 학원에서나 합격생들의 합격 수기에도 좋은 공부 방법들이 계속해서 나오고 있었고, 학원에 다니면서 알게 된 수험생들이 각자에게 적합한 방식으로 공부하는 것을 옆에서 보며, 그들의 다양한 공부 기술들을 나에게 적용해볼 수 있었다. 시간이 지날수록, 기술사 자격증을 위한 학습 방법들은 나의 공부 스타일과 일치한다고 느꼈다. 지구력만큼은 자신 있던 나였기에 장기적으로 꾸준한 공부가 필요한 기술사 공부는 해볼 만하다는 결론을 내렸다. 그래서 그리 오래지 않은 시간 내에 좋은 결과를 확신했고, 그런 다음 적극적으로 수험 생활에 임할 수 있었다.

그동안 공부를 열심히 해왔는데 생각만큼 효율이 나지 않았던 사람이라면 새로운 공부 방법을 적용하기 전에 먼저 '나'에 대한 파악부터 해보길 권한다. 지금 하고 있는 공부가 유난히 어렵게 느껴졌다거나 남들은 한 달이면 된다는 공부를 일 년이 넘게 하고 있다면 그건 단순히 '남보다 열심히 하지 않아서'라는 이유가 아닐 수도 있다. 내가 잘하는 것이 무엇이고 내게 꼭 맞는 공부법은 무엇인지 알며, 지금까지 내가 해온 방법 중에서 무엇이 잘못되었는지를 찾을 수 있어야 남들의 한 달이 나에게도 한 달이 되는 것이다.

수능시험 만점자 중에서도 자신에게 꼭 맞는 공부 방법을 한 번에 쉽게 찾은 예는 극히 드물다. 이렇게 해보고 안 되면 저렇게도 해보면서 여러 가지 방법을 시도해 보고, 그중에서 내게 가장 잘 맞는 방법을 찾는 경우가 대부분이다. 부디 남들이 효과를 봤다고 해서 무작정 그 방법을 따르지 말고 먼저 자신을 분석해보길 바란다. 그러고 나서 이 책에서 알려주는 다양한 공부 방법들을 하나씩 적용해 보자. 그래야만 나에게 꼭 맞는 공부 방법을 찾아 효율적으로 공부할 수 있다.

"자기 자신을 정확하게 파악하는 일이 무엇보다 중요합니다. 잘한다는 자만심에 빠지면 자신의 단점들을 발견하기가 매우 어렵습니다. 자신이 무엇을 잘하는지 보다는 무엇을 못하는지에 대한 꼼꼼한 검토가 공부에 있어서는 가장 중요합니다."

-와이즈멘토,《한국의 공부벌레들》

환경을 개선해
숨어 있는 10분을 찾아라

　사람들은 공부를 하기 위해 독서실이나 도서관, 스터디카페 등 집 이외의 공간을 찾아 헤맨다. 여러 사정상 집에서 공부하게 된 사람들도 집이 주는 안락함을 최소화하기 위해 공부하는 공간과 생활하는 공간을 분리하고, 마치 독서실에 가듯 공부방으로 들어가곤 한다. 우리가 불편함을 감수하면서까지 이런 공부 공간을 찾는 이유는 단 하나다. 공부가 더 잘되는 환경을 원하기 때문이다.

　안 그래도 집에 들어와 책상에 앉기까지 큰 의지를 필요로 하는데, TV나 게임기, 스마트폰, 동호회, 술자리, 친구 모임 등 사방에 온갖 유혹이 도사리고 있다면 책상까지 가는 길은 더욱 험난해진다. 그래서 약간의 의지로도 책상 앞에 앉을 수 있고, 조금을 앉아 있더라도 공부의 질이 높아질 수 있도록 하기 위해 먼저 내 주변의 공부 환경을 개선할 필요가 있다.

도서관, 독서실, 스터디카페를 적극적으로 이용하자

수험생들이 편하고 잘 정돈된 내 집, 내 방이 아니라 굳이 돈과 시간을 들이면서까지 도서관이나 독서실에 가는 이유는 다 같이 공부하는 면학 분위기로 인해 나도 집중하는 데 도움을 받기 때문이다. 이런 곳에서는 집중을 흐리는 요소가 상대적으로 적어, 잠깐을 공부하더라도 집중해서 공부할 수 있기 때문에 공부 효율이 높고 그만큼 만족감도 크다. 독서실 같은 경우는 새벽 2시까지도 가능한 곳이 많아서 큰 시간제한 없이 공부할 수 있다.

구립이나 시립도서관도 요즘은 10시나 11시까지 하는 곳이 많은데다가 시설 또한 점점 좋아져서 공부하기에는 더없이 좋은 환경이다. 최근에 많이 생기고 있는 '스터디카페' 또한 쾌적한 환경과 공부하기 좋은 분위기로 인해 학생들을 중심으로 이용자들이 늘고 있는 추세다. 어느 곳이든 공부할 분위기가 만들어져 있는 곳, 그곳으로 발걸음을 옮길 수 있는 작은 의지만 있다면 공부하기 위해 다음 단계로 넘어가는 것이 훨씬 수월해진다.

도서관 등 공부 공간으로 가기 위해 집을 나서는 순간부터 이미 우리 머릿속에는 '공부'라는 글자가 자리 잡기 시작한다. 내가 의식하든 안 하든 내 몸은 집을 나서는 행위 자체를 공부의 시작으로 받아들이고 그에 대한 준비를 한다.

만약 여러 사정상 도서관이나 독서실을 갈 상황이 안되는 사람이라면 집의 방 한 칸 혹은 집 안의 일정 구역을 나만의 독서실로 만드는 것도 좋은 방법이다. 이왕이면 공부방은 최대한 독서실과 유사하게 만들고, 컴퓨터나 스마트폰과 같이 공부에 방해가 되는 요소는 전부 배제하는 것이 좋다. 옷차림도 평상시 집에 있을 때와 같은 편안한 차림이 아니라, 도서관이나 독서실에 갈 때 입는 옷을 입는다. 그러면 집 안의 공부방에 들어가는 것이 마치 독서실로 향하는 것처럼 느껴지면서 내 마음속에서 확실하게 공간 분리가 나타난다.

실제로 내가 경험했던 일이다. 나는 결혼 후에도 결혼 전과 똑같이 수험생 생활을 이어나갔다. 결혼과 동시에 발송배전기술사 자격증을 취득했으나, 예상치 않게 다른 시험을 연달아 준비하게 되면서 지금껏 유지해왔던 공부 흐름을 이어 가야 했기 때문이다. 게다가 이때는 한 번에 두 개의 자격증 공부를 할 때라, 오히려 결혼 전보다 더 계획적으로 공부했다.

결혼 전에는 독서실에서 공부하다가 결혼과 동시에 공부 장소를 집으로 바꾸다 보니 처음에는 적응하기 어려웠다. 집중해서 공부하다가도 '집'에 있다는 생각이 들면 집중이 흐트러지고 마음이 풀리기 일쑤였다. 잠시 쉬는 시간에도 애써 집이라는 생각을 떨쳐야 했기에 오히려 마음 편히 쉴 수 없었다. 하지만 시간 여건이나 독서실을 찾기 어려웠던 집 주변 환경, 그리고 무거운 책들을 여러 권 가지고 다녀야 하는 어려움 때문에 하는 수 없이 집에서 공부하게 되었고, 이런 생활은 아이가 태어나서도 계속되었다. 그러다 보니 확실한 공간 분리가 필요했고 위해 여러 번의 시행착오를 겪으며 더 좋은 공부 환경을 찾아 나갔다.

나는 작은 방 하나를 공부방으로 정해 공부하기 시작했는데, '저 방은 독서실'이라는 인식을 새기고 저녁 식사 후엔 무조건 공부방으로 향했다. (가족에게도 독서실처럼 여겨달라고 부탁해 두었다.) 옷차림도 가방도 마음가짐도 독서실에 간다는 생각으로 들어갔고 목표로 한 공부 시간을 다 채우지 않으면 나오지 않았다. 가끔 공부가 잘되는 날이면 목표로 한 공부 시간을 넘어서 아내와 아이가 잠든 새벽 2시쯤에야 방 밖으로 나오는 날도 있었다. '내 집'이라는 안락한 느낌을 최소화하기 위해 집에 있을 때도 항상 가벼운 외출복을 입었고 집중력을 높이기 위해 책상 주변에는 수험서 이외에 아무것도 놓지 않았다. 내 의지를 확인할 수 있는 수첩만이 그 공간에서의 유일한 쉼표였다.

별것 아닌 것처럼 느껴지는 이런 행동들이 공부에 대한 나의 마음 가짐을 바꾸고 더욱 집중할 수 있게 만들어준다.

방해 요소는 철저히 제거하자

독서실이나 도서관, 그리고 스터디카페에 가서 공부하면 상대적으로 방해 요소가 적다. 그 공간 내에서 함께 공부하는 사람들로 인해 면학 분위기가 만들어져 있고, 공부를 방해하는 요소가 적기 때문에 굳이 큰 인내심을 발휘하려 애쓰지 않아도 공부에 집중하는 데 오랜 시간이 걸리지 않는다.

다만, 장소 불문하고 어디에서나 휴대할 수 있는 '스마트폰'만은 큰 의지를 발휘해야 하는 부분이다. 모두가 알다시피 스마트폰으로는 매우 다양한 것을 할 수 있기 때문에 자칫 잘못하면 한 번 손에 잡은 스마트폰으로 인해 내 공부 시간을 몇 시간이고 날려버릴 수 있다. 그러므로 공부할 때는 적극적으로 스마트폰을 배제하려고 노력해야 한다. 벨 소리를 무음으로 해 놓거나 화면이 안 보이게 뒤집어 놓는 행위, 또는 아예 눈앞에 안 보이게 옷이나 가방에 넣어놓는 행동 하나만으로도 신기하리만큼 스마트폰에 대한 유혹은 사라진다.

설령, 중요한 연락이나 알람 등 어떤 계기로 인해 스마트폰을 사용했더라도 예상치 못하게 시간이 길어졌다고 느낀 바로 그 순간 스마트폰을 눈앞에서 치워버리자. 눈에 보이지 않으면 사용하려는 마음도 함께 사라진다. 공부하면서 스마트폰의 유혹을 이기는 가장 좋은 방법은 '눈에 보이지 않게 하는 것'이다. 그러니 도서관에 왔다면, 일단 스마트폰부터 무음으로 해놓고 눈에 띄지 않게 가방에 넣어두는 것이 가장 좋다. 집에서 공부하는 경우도 마찬가지다. 스마트폰을 의식적으로 멀리하면서 아예 거실 한구석이나 출입문 입구 등 멀찌감치 떨어진 특정 장소에 놓아두도록 하자.

최상위권 고등학생들의 공부법을 보면 공통점이 있는데, 그중 하나가 바로 '스마트폰 관리'다. 대부분의 최상위권 학생은 스마트폰에 대한 유혹을 원천부터 차단하기 위해 폴더폰을 사용하고 있었다. 개인적인 이유로 스마트폰을 사용하게 되었다 하더라도, 공부할 때만은 무음으로 한 상태에서 화면이 안 보이게 뒤집어 놓거나 공부방에 들어가기 전에 식탁 위에 올려놓아 최대한 눈에 띄지 않게 했다. 그렇게 하면 스마트폰을 찾는 빈도가 확 줄어들어 스마트폰 사용을 자신이 확실히 조절하고 있다는 느낌을 받았다고 한다.

공부할 때만은 우리도 고3 수험생처럼 스마트폰을 멀리할 필요가 있다. 귀가 후에는 정해진 자리에 스마트폰을 놓고 공부가 끝날 때까지 들여다보지 않기, 무음 상태로 해놓기, 가족에게 맡겨놓기, 전원 꺼놓기 등 스마트폰을 멀리할 수 있는 방법은 다양하다. 그리고 유혹이 큰 만큼 이겨낸다면 그건 나의 의지가 엄청났다는 방증이므로 스마트폰 사용을 제어함으로써 더욱 자신감을 갖고 적극적으로 수험 생활을 이끌어갈 수 있다.

사실 생각해보면 스마트폰을 통해 우리가 보는 것은 안 봐도 크게 상관없는 것들이 대부분이다. 대개는 시간을 적당히 보내기 위함이거나, 하루의 스트레스를 날리는 용도로 사용하고 있을 것이다. 사적인 저녁 시간에 업무와 관련하여 급한 전화가 올 일도 거의 없다. '혹시 모를' 급한 용무 때문에 퇴근 이후까지 스마트폰을 손에서 놓지 말아야 할 이유는 없다는 뜻이다. 그러니 너무 겁먹지 말고 일단 스마트폰을 손에서 내려놓자. 공부하는 시간 동안 스마트폰을 멀리하다 보면 그동안 내가 스마트폰을 사용하며 얼마나 많은 시간을 낭비하고 있었는지 깨닫게 될 것이다. 시간의 소중함을 느낄수록 스마트폰 사용을 더 여유 있게 조절할 수 있게 된다. 스스로를 믿고 단 한 번만, 일주일만, 그리고 한 달만, 이렇게 시간을 늘려나가면서 스마트폰 사용을 제어해보자.

TV의 경우 아내와 상의하에 결혼할 때부터 구입하지 않았다. 그래서 TV 시청에 대한 유혹은 없었다. 시간이 흘러 아내 혼자 있는 시간이 길어지고 아이도 태어나면서 아내가 친정에서 쓰던 골동품급

브라운관 TV를 작은 방에 가져다 놓긴 했지만, 이 또한 최대한 눈에서 멀리 두니 TV를 보게 될 일은 거의 없었다. 이때쯤엔 이미 TV에 대한 흥미가 떨어져서 TV를 보지 않기 위해 딱히 큰 노력이 필요하지 않았다. TV 시청으로 시간을 많이 뺏기는 사람이라면 이처럼 공부를 하는 동안만이라도 아예 TV를 눈에 보이지 않는 곳에 치워버리는 것도 한 방법이다.

공부할 때 필요한 것은 전부 손 닿는 범위 안에

공부할 때는 각자에게 필요한 준비물들이 있다. 공부할 책, 필요한 자료, 노트, 필기구부터 물, 커피, 간식, 화장품까지 그 종류는 다양하다. 이런 준비물들은 최대한 공부를 시작하기 전, 가능한 한 내 손이 닿는 범위 안에 미리 가져다 놓는 것이 좋다.

우리의 집중력은 생각보다 작은 것에도 영향을 크게 받는다. 필요한 것을 찾기 위해 두리번거리는 행위, 날벌레가 내 앞을 지나가는 것, 누군가의 볼펜 똑딱이는 소리와 같이 아주 작은 소음조차도 우리의 공부 흐름을 방해할 수 있다. 그래서 공부 습관을 만들어 가는 시기에는 공부에 필요 없는 '마이너스 요인'을 없애는 노력뿐만 아니라, 공부에 꼭 필요한 '플러스 요인'을 갖춰 두는 준비 또한 중요하다.

아직 공부 의지가 확고하게 정립되지 않은 상황이라 작은 것에도 내 집중력이 쉽게 흐트러질 수 있기 때문이다.

자신의 행동 패턴을 주의 깊게 살펴서, 물이나 음료를 자주 찾는다면 물통을 미리 가져다 놓고, 주변의 작은 소리에 민감하다면 귀마개를 준비하자. 공부하면서 자주 참고하게 되는 수험서는 주변 책장 손닿는 곳에 비치해 놓고, 더위나 추위에 대해서 민감하다면 선풍기나 담요 같은 것들도 가져다 놓자. 주위의 우발적인 상황은 어찌할 수 없지만, 미리 대비할 수 있는 부분은 최대한 대비하자. 공부할 때 필요한 준비물들은 몇 번의 경험으로 쉽게 목록을 만들 수 있으니, 수첩에 적어놓고 미리미리 준비하자.

엉덩이만 무겁다고
다가 아니다

일단 물리적으로 공부할 수 있는 환경을 만든 다음에는 그 환경 안에서 나의 공부 시간을 서서히 채워 나가는 연습을 해야 한다. 공부에 있어 시간을 채우는 게 핵심은 아니지만, 나의 의지를 시험하고 한계에 도전하며 동시에 공부에 재미를 붙이는 데에는 시간의 양이 절대적으로 필요하다. 한창 공부하는 아이들에게 '엉덩이 힘'을 강조하며 점차 앉아 있는 시간을 늘리는 것도 이러한 이유 때문이다. 그만큼 '시간의 양'은 공부에 있어서 절대적인 영향을 준다. 당연히 공부하려는 직장인에게도 '엉덩이 힘'은 매우 중요하다. 일단 책상 앞에 오래 앉아 있을 수 있어야 공부량도 늘릴 수 있고 집중력도 기를 수 있다. 하지만 거기에서 끝나면 안 된다. 그렇게 성장시킨 힘을 토대로 서서히 나의 공부 습관을 만들어야 한다. 나는 이렇게 만들어진 공부 습관을 '공부 궤도에 올라섰다'라고 표현한다.

공부 궤도에 올라서야 진짜로 공부를 했다고 말할 수 있다

인공위성을 우주로 쏘아 올릴 때 중간 단계까지 가기 위해서는 엄청난 힘을 가진 로켓이 필요하다. 무서운 불꽃을 내며 중력을 거슬러 하늘 위로 올려보내는 로켓의 힘 덕분에 인공위성은 '천이 궤도'라 불리는 중간 단계에 들어설 수 있고, 이때부터는 별도의 추진체가 필요 없다. 물체가 갖는 관성의 힘을 이용하여 서서히 움직이고 그러다 보면 머지않아 '정지 궤도'라는 최종 궤도에 들어서게 된다.

공부도 이와 마찬가지다. 공부하기로 마음먹자마자 공부 습관이 생기는 경우는 거의 없다. 처음에는 10분이 한 시간처럼 느껴지고 집중력은 수시로 흐트러진다. 그래서 공부 시작 단계에는 나의 공부 의지를 몽땅 책상 앞에 앉아 있는 연습에 써야 한다. 일단 책상 앞에 앉아 있는 시간을 늘리면서 공부가 익숙해지는 데 집중해야 한다. 힘들더라도 오랜 시간 앉아 있는 게 익숙해져야 다음 단계로 올라설 수 있다. 그렇게 앉아 있는 시간을 늘려가는 연습이 되어야 조금씩 공부 시간(4시간)을 채우는 게 수월해진다.

긴 시간 동안 책상 앞에 앉아 있는 것이 익숙해질 즈음, 우리 몸에 있는 관성의 힘이 작용하기 시작한다. 이 시기가 오면 저녁 8시엔 저절로 책상 앞에 가게 되는 등 공부가 습관이 되어 힘들이지 않고도 공부 환경을 찾게 된다. 일단 앉으면 목표로 한 공부 시간을 채우려 노력하게 되고, 그러다 보면 공부에 집중하는 시간(진짜 공부 시간) 또한 길어지기 시작한다.

집중하는 시간이 늘어나면 예전에는 잘 몰랐던 부분을 이해할 수 있게 되고, 이해가 잘되니 공부 속도도 빨라진다. 그러면서 내가 계획한 공부량을 완료하는 날이 많아지고, 어느 순간 공부가 생각대로 되는 때가 온다. 바로 그 순간이 공부 시간의 대부분을 집중할 수 있는 진짜 공부 시간, 즉 공부 궤도에 들어선 순간이다. 공부 궤도에 오르면 예전과 똑같이 2시간을 앉아 있어도 이전과 달리 시간이 금방 가는 것처럼 느껴진다.

그래서 앉아 있는 시간을 늘리는 이유는 단순히 공부 시간을 늘리는 연습을 넘어, 최종적으로는 '앉아 있는 시간=진짜 공부 시간'을 만들어내는 데 있다. 이렇게 진짜 공부 시간이 늘어날수록 공부에 가속도가 붙고 공부량이 늘어나면서 결과적으로 합격도 앞당길 수 있다.

지금까지 공부 궤도에 오르는 데 계속 실패해 왔다면, 자신이 어느 단계에 있는지 차분히 생각해보길 바란다. 나의 단계가 앉아 있는 훈

런이 필요한 단계인지, 일단 앉아 있는 건 하겠는데 집중하는 게 힘든 단계인지를 체크하고 내가 지금 해야 할 훈련이 무엇인지 파악한 다음 책상 앞에 앉아보자. 지금 당장 공부에 집중하지 못한다고 해서 조급해할 필요는 없다. 지금 책상 앞에 앉아 있는 시간은 결코 무의미한 시간이 아니다. 그 시간이 켜켜이 쌓여 나의 공부 습관을 만들어 가는 것이기 때문이다.

나만의 공부 루틴을 만들어라

'독서실에 가서 새벽 2시까지 열심히 공부해야지'라고 마음먹는 것은 생각보다 강한 의지력을 필요로 한다. 독서실에 앉아 있는 내내 집중해서 공부하는 모습을 상상하기 때문이다. 목표를 크게 잡는 것은 좋지만 익숙지 않은 일을 오랫동안 지속할 것을 상상하는 것은 마음을 힘들게 만든다. 그러면 독서실 생각만 해도 부담이 커지고 발걸음은 천근만근이다. 처음부터 그렇게 큰 목표를 잡기보다는 '일단 독서실에 가자. 그냥 가기만 해도 오늘의 나를 칭찬해주자'고 다짐한다면, 상대적으로 부담을 덜게 되어 약한 의지력만으로도 어렵지 않게 독서실로 향할 수 있다. 공부 효율은 그 이후에 생각할 일이다. 이렇게 공부 환경 속으로 발걸음을 옮기면 나도 모르게 다음 단계의 의지를 불러내게 된다. '한 번 뽑은 칼, 무라도 썰어야지!'처럼 '이왕 독서실에 왔으니, 열심히 공부해보자!' 하고 마음먹게 되는 것이다.

사람은 대개 하기 싫은 일일지라도 일단 그 환경 안으로 내 몸을 옮기면 그 후에는 어떻게든 해내려는 마음이 발동한다. 공부나 운동처럼 내가 열심히 할수록 성과가 확연히 드러나는 것들의 경우에 특히 그렇다. 그래서 공부하기 위해 도서관에 가고, 운동하기 위해 헬스장에 가는 것은 이미 그 자체로 반은 이룬 것이라고 본다. 하지만 잘해보려는 마음이 생겼더라도 그 의지를 끝까지 이어가는 것은 정말 힘든 일이다. 100미터 달리기처럼 목표 지점까지 질주하고 싶은데, 현실은 장애물 넘기와 같아서 수많은 난관을 넘어야만 목표 지점에 도달할 수 있다. 나는 그 난관들을 넘는 방법으로 '나만의 공부 루틴'을 만들기를 권한다.

퇴근 후 운동이나 가벼운 산책을 한 다음 개운하게 샤워를 하고 독서실로 향한다든가, 좋아하는 커피숍에 들러 늘 마시는 음료를 사 들고 도서관 가듯 공부방에 들어가기, 혹은 저녁 식사 직후 책상 앞에 앉아 있다가 쏟아지는 잠에 잠시 눈을 붙이고 다시 일어나 공부하는 등의 '나만의 공부 루틴'이 목표를 이루기 위해서는 꼭 필요하다.

우리가 도서관을 가는 행위 자체에 '공부'라는 글자가 새겨지듯이, 공부하기 전에 의식적으로 하는 반복적인 행동도 우리 몸은 전부 '공부'의 흐름으로 받아들인다. 그래서 나만의 루틴을 만든다는 것은 시합 전 내 몸을 워밍업시켜주는 것과 같은 의미가 있고, 공부에 대한 접근을 조금 가볍게 만들어주어 집중하기 힘든 시간임에도 불구하고 능동적으로 공부 의지를 이어갈 수 있는 것이다.

내가 기술사 공부를 시작했을 무렵, 저녁 식사 직후에 조용한 독서실 책상에 앉으면 긴장이 풀어지면서 항상 잠이 쏟아지곤 했다. 졸더라도 의자에 앉아서 졸자는 각오로 일단 버텨보지만 쏟아지는 잠은 막을 수가 없었다. 하지만 이 아까운 시간에 자면 안 된다며 얼마 없는 의지력을 탈탈 털었고, 그렇게 매일 잔 것도 아니고 공부한 것도 아닌 시간을 보내고 나서야 독서실 문을 나섰다. 그러면서 아무것도 하지 않은 것보다는 낫다며 혼자 위로하고는 했다.

이렇게 며칠 동안 공부 시간을 비몽사몽 하며 보내다가 하루는 도저히 못 참고 엎드려 잠이 들었다. 얼마나 지났을까. 한참을 잔 느낌에 깜짝 놀라 일어났는데, 시간은 8시 반을 가리키고 있었다. 8시에 독서실에 도착했으니 겨우 30분을 잔 것이었다. 시간 아깝다며 버티고 버틴 것에 비하면 꽤 짧은 시간이었다.

재빨리 남은 공부 시간을 계산했다. 독서실을 나서는 시간을 12시로 삼았던 터라, 중간에 쉬는 시간을 빼더라도 지금부터 공부하면 대략 3시간 정도는 할 수 있다는 계산이 나왔다. 게다가 푹 잘 잤는지 정신이 더 맑아지면서 집중력도 월등히 좋아진 것 같았다. 그 뒤로 난 더 이상 쏟아지는 잠을 피하지 않았다. 집중이 잘 되는 날에는 새벽 1~2시까지도 공부할 수 있었기 때문에 저녁 식사 시간을 줄이거나 잠자리에 드는 시간을 늦추는 식으로 잠에 쏟은 시간을 보충하면서 독서실에 있는 시간을 차츰 늘려나갔다. 나에게 맞는 공부 루틴을 찾자 공부에 집중하는 시간이 늘었고 총 공부 시간도 계획대로 실천할 수 있었다.

독서실에서 잠깐 쉬는 시간을 가질 때도 그리 많은 시간을 허비하진 않았다. 독서실 내에 알고 지내는 사람도 거의 없어서, 쉬는 시간이라고 해봤자 혼자 잠시 독서실 계단에서 커피 한잔하거나 부모님 혹은 여자 친구에게 전화를 한 통 하는 것이 전부였다.

주말에는 특별한 일정이 있을 때를 제외하곤 무조건 아침부터 집 근처의 도서관으로 향했다. 그리고 문 닫을 때 나온다는 생각으로 아침부터 밤까지 온종일 자리를 지켰다. 여자 친구와의 데이트도, 점심/저녁 식사도, 잠깐의 휴식도 전부 도서관을 중심으로 이루어졌다. 이런 생활을 이어가면서 깨달은 것은 적어도 공부 환경 속에 나를 던져두면 그렇지 않을 때보다 공부를 많이 할 수 있었다는 사실이다.

"사람들은 흔히 고3, 1년 동안의 수험 생활을 마라톤에 비유하곤 한다. 근 1년에 가까운 세월을 잠시도 늦추지 않고 전력 질주를 할 수는 없으므로, 초반에는 감이나 잡는 정도로 슬슬 준비 운동이나 하다가 점차 스피드를 붙여나가는 것이 좋다는 것이다. 그래야만 막바지에 가서 있는 힘을 다 짜낸 막판 스퍼트로 승부를 걸어볼 수 있다는 이야기다.

마라톤에서는 그런 이야기가 맞을지 모르겠지만, 공부에 관한 한 그것은 잘못된 전략이라는 것이 내 생각이다. 처음부터 물불 안 가리고 미친 듯이 공부에 매달리기 시작해서 그런 생활을 아예 습관으로 삼아 쭉 밀고 나가야지, 처음에는 슬슬 하다가 어쩌고 하다 보면 평생 가야 그놈의 시동이 걸리지 않는다. 적어도 내 생각은 그렇다."

– 장승수,《공부가 가장 쉬웠어요》

타이머를 이용한 공부 근육 만들기

직장인이 되기 전후로 계속 공부해왔던 사람이라면 공부 공백이 크지 않을 테니, 책상 앞에 앉아 집중하는 게 상대적으로 쉬울 수 있다. 하지만 공부한 지 오래된 사람이라면, 공부를 다시 몸에 배게 하는 데까지는 얼마간의 시간이 필요하다. 습관은 근육과 같아서 단시간에 만들어지지 않는다. 우리가 '공부 습관'이라 부르려면 적어도,

'100일 동안 매일, 하루에 네 시간씩'과 같은 반복 행동이 꼭 필요하다. 그런 반복 행동을 가능하게 만들어주는 것이 바로 '타이머'다.

퇴근 후 8시부터 12시까지 공부하기로 계획했다고 해도 그날그날 상황에 따라, 어떤 날은 유난히 집중이 안 되고 피곤할 수 있다. 하지만 그런 날에도 당신은 평소처럼 책상으로 향할 것이고, 정한 시간만큼 앉아 있으려 노력할 것이다. 이때 타이머를 이용하는 것은 약간의 강제력을 가져다준다. 타이머 없이 공부할 때는 나에게 너그러워지면서, 그냥 하염없이 앉아만 있던 시간들까지 모두 공부 시간으로 잡게 된다. 공부방을 나설 때는 오래 앉아 있었다며 적당히 뿌듯함도 느끼면서…. 이런 적당한 뿌듯함은 힘든 수험 생활에 활력소를 만들어주기도 하지만, 나쁜 공부 습관을 지속시킴으로써 목표를 이루는 데 방해가 되기도 한다.

하지만 타이머를 이용하여 공부 시간을 체크하게 되면, 내가 앉아 있던 시간 중 진짜 공부 시간이 얼마큼이었는지 눈에 확 들어온다. 독서실에 들어가서 나올 때까지 총 5시간을 있었어도 그중 30분은 자고, 10분은 멍하니 시간을 보내다가 잠을 깨려고 커피를 뽑으러 나간 김에 30분 동안 잡담을 하다가 들어왔다면, 순수 공부 시간은 3시간 50분이 된다. 4시간을 목표로 하고 독서실에 왔는데 실제로는 목표 시간을 못 채운 셈이다.

이런 날, 만약 타이머 없이 공부한 사람이라면 '독서실에 있던 5시간=공부 시간'이라고 생각하기 때문에 충분히 공부했다고 생각할 것이다. 하지만 타이머로 공부 시간을 체크한 사람이라면 계획했던 공부 시간을 다 채우지 못했음을 인지하게 된다. 그러면 무엇 때문에 시간을 못 채웠는지 오늘을 돌아보면서 반성하고, 내일의 공부의지를 다지며, 시간을 허투루 쓰지 않기 위해 더욱 노력하게 된다. 이처럼 타이머를 통해 공부 시간을 시각화하면 한정된 시간 동안 더욱 집중할 수 있다.

이미 공부 습관이 잡힌 사람에게는 타이머가 필요 없을지도 모른다. 굳이 타이머로 시간을 재지 않아도 긴 시간 동안 몰입해서 공부할 수 있기 때문이다. 하지만 이제 공부 습관을 만들어 가는 사람에게 타이머는 훌륭한 감독관의 역할을 대신 해줄 수 있다. 공부 시작부터 끝까지 나와 함께하면서 내가 실제로 공부한 시간이 얼마인지 시각화해서 보여주기 때문이다.

그러나 이런 장점에도 불구하고 타이머를 이용하는 공부법에 대해서는 아직도 상반된 의견이 존재한다. 공부에 있어서 물리적인 시간의 양은 집중도를 높여줄 수 있는 절대적인 요인이므로 타이머를 이용해 공부 시간을 체크하는 것이 중요하다는 의견과 시간의 양을 측정하면서 공부하는 것이 꼭 공부의 질로 연결되진 않기 때문에 단순히 오랫동안 공부했다는 사실에 만족하게 되는 등의 부작용도 만만치 않다는 의견이 그것이다.

사실, 타이머 공부법은 꽤 오래전부터 유명한 공부법이었다. 명문대생의 공부법에는 타이머가 어김없이 등장했고, 교육계에서 오랜 시간 학생들을 가르친 선생님들을 통해 우등생들에게서 타이머 공부법이 공통적으로 발견되면서 오랫동안 '최상위권 학생들의 공부법 중 하나'로 인식되어 왔다. 다만, 시간이 흐르면서 타이머를 이용한 공부법에도 변화가 생기는 추세다.

예전에는 하루 중 진짜로 공부한 '총 공부 시간'에만 초점을 맞췄다면, 지금은 자신의 집중 가능 시간에 맞게 공부 시간을 설정하고 적당히 휴식하는 데 타이머를 이용하는 식이다. 대표적인 공부법은 '포모도로 공부법'으로, 25분 동안 공부하고 5분 휴식하는 패턴을 4번 반복한 다음 30분의 휴식 시간을 갖는 공부법이다. 이는 총 2시간 30분의 시간을 세분화하여 공부 시간과 휴식 시간을 반복함으로써 집중력을 최대로 활용하기 위한 방법이라고 볼 수 있다. 포모도로 공부법은 1980년대 후반, 이탈리아의 프란체스코 치릴로Francesco Cirillo가 처음 제안한 시간 관리 방법으로, 오랫동안 책상 앞에 앉아 있었지만 그 시간이 다 공부 시간은 아니었음을 깨닫고 토마토 모양의 주방 타이머를 사용하여 10분 단위로 공부와 휴식을 병행한 것에서 시작되었다고 한다.

그리고 이와는 달리, 시간의 양을 곧 공부의 양으로 볼 수는 없다며 타이머 공부법이 누구에게나 필요한 건 아니라는 의견도 여전히 존재한다.

> "타이머를 이용하여 공부 시간을 체크하게 되면, 책상 앞에 앉아서 공부하는 시간만을 공부 시간으로 체크할 수밖에 없고, 그렇게 되면 시험 과목에 따라 의미 있는 공백이 될 수도 있는 시간(예를 들면, 산책하면서 법에 대한 실제 사례를 생각해 보는 것)까지도 휴식으로 간주하게 된다. 그렇게 되면 총 공부 시간이 기대에 못 미칠 수 있게 되어 스스로에 대한 죄책감만 커진다."
>
> – 이윤규, 《나는 무조건 합격하는 공부만 한다》

> "책상 앞에 앉아 있는 시간이 많다고 해서 공부를 많이 하는 건 절대 아니다. 시간이 갈수록 누군가는 낙서를 하기도 하고, 누군가는 멍을 때리기도 한다. 짧은 시간이라도 자신이 집중할 수 있는 시간만큼 공부하면서 그 시간을 점차 늘려가는 훈련이 합리적인 공부 방법이다."
>
> – 조승우/고승진, 《혼자 공부하는 힘》

하지만 조금 더 들여다보면, 이 두 경우도 타이머의 필요성 자체를 부정하진 않음을 알 수 있다. 단지, 타이머의 '활용' 면에서 주어진 시간을 더 알차게 쓸 수 있는 방법을 고민한 흔적이 역력하다.

《나는 무조건 합격하는 공부만 한다》의 저자인 이윤규 변호사는 단순히 시간의 양을 따지는 것보다는 성취도 평가를 우선하여 그날 하루의 공부 집중도를 상중하로 평가한 뒤 계획표에 기록하는 방법을 제안했고, 《혼자 공부하는 힘》의 저자는 공부 시작과 동시에 타이머를 누르고 졸리거나 잡생각이 떠올랐을 때 타이머를 멈추면서 나의 집중 시간을 계속해서 기록한 다음, 평균 집중 시간을 기준으로 나만의 학습계획을 세워야 한다고 말한다. 즉, 단순히 '시간의 양'에만 매몰되지 말라는 조언이었던 것이다.

결국 시간 활용 면에서 타이머를 어떻게 잘 사용할 것이냐의 문제일 뿐, 공부에는 절대적인 시간의 양이 필요하고 그 안을 '진짜 공부'로 채워야 한다는 점에서는 모두 같다. 이처럼 타이머 사용에 대한 여러 견해에도 불구하고 나는 여전히 '공부 시간의 총량'에 타이머를 활용할 것을 강조한다. 특히 직장인이거나 공부에 시간을 많이 할애하기 힘든 사람이라면 더더욱 그렇다. 하루의 대부분을 공부에 할애하는 학생이나 특정한 직업을 갖기 위해 전업 수험생의 길로 들어선 사람이 아니라면, 대부분의 직장인들에겐 절대적인 공부 시간이 너무 부족하다. 이런 공부 시간 부족은 언뜻 생각하면 효율을 먼저 강조해야 하는 것처럼 보이지만, 그 효율 또한 긴 시간을 앉아 있으면서 몰입할 수 있는 시간을 늘려가는 연습이 되어 있어야 찾을 수 있는 것이다.

처음에는 내가 공부한 모든 시간을 타이머를 이용하여 기록한다. 집중이 잘되고 안되고와 상관없이 앉아 있던 모든 시간을 체크한다. 잠깐 잠을 잔 시간, 화장실에 다녀온 시간, 커피를 마신 시간, 전화 통화를 한 시간 등을 모두 빼고 오로지 앉아 있었던 시간만 측정한다. 그렇게만 해도 처음에는 목표로 한 4시간을 채우기 힘들다. 일하면서 앉아 있는 4시간과 공부하는 4시간은 다르기 때문이다.

공부 시간 4시간 채우기를 한 달 동안(수험 기간이 짧은 시험이라면 1주도 괜찮다) 잘 지속해왔다면, 다음 단계는 나의 진짜 공부 시간을 기록할 차례다. 공부를 하다가 딴생각이 나면 타이머를 멈추고, 다시 집중하기 시작할 때 타이머를 눌러라. 시작은 뭐든 단순해야 하므로 처음에는 오로지 '딴생각'이 난 경우만 체크한다. 집중이 어느 시간대에, 무슨 공부를 할 때 잘됐는지는 나중에 생각해도 괜찮다. 아니, 어차피 공부하면서 자연스럽게 알게 되니, 굳이 분석할 필요는 없다.

하지만 '집중이 안된 경우'는 반드시 분석해야 한다. 낮에 있던 일 때문인지, 저녁 식사를 평소보다 많이 먹어서인지, 공부하는 과목이

유난히 어려운 경우인지 집중하지 못한 원인을 파악해야 한다. 공부가 잘되는 경우는 저절로 알게 되지만, 안 되는 경우는 분석하지 않으면 그 이유를 모르고 지나가게 된다. 그래서 만약 집중이 잘 안된다고 느꼈다면 그날 하루를 되짚으면서 무엇이 문제인지 살펴봐야 한다.

집중에 방해가 되는 요소를 알면 다음부터는 그 부분을 최소화할 수가 있다. 낮에 있던 업무에서 감정이 상하는 일이 있었다면 최대한 감정을 배제하려 노력하고, 과식으로 인해 집중이 흐려진다면 다음부터는 식사량을 조금씩 줄여보는 식이다. 과목에 따라 집중도가 다른 경우라면, 집중이 잘되는 과목을 우선 공부한 다음 어려운 과목은 주말이나 학원 수업이 있는 날로 미루어 주변사람에게 도움을 요청하는 것도 좋다. 이런 식으로 집중도를 분석하면 그에 따른 보완이 가능하고 점차 공부 효율이 높아진다. 감정에 휘둘리는 공부, 잘되고 안되는 날이 섞여 있는 들쭉날쭉 공부는 수험 생활에 하나도 도움이 안 된다는 것을 명심하라.

타이머를 이용한 공부 시간 채우기를 여러 번 시도했는데도 불구하고 타이머가 나에게 도움이 안 된다는 결론에 이르렀다면 그땐 과감히 타이머를 책상에서 치워도 좋다. 모든 사람에게 좋은 방법일지라도 나에게는 안 맞을 수 있다. 최소한 타이머를 이용한 공부법이 나에겐 효과가 없다는 걸 알았으니 다른 방법으로 나만의 공부법을 찾아가면 된다.

여기서 중요한 건, 시작도 하기 전에 포기하지 말라는 것이다. '이 방법보다 어느 공부법이 더 좋다'라거나, '누구는 집중력이 좋으니까 했지, 그 방법은 나에겐 맞지 않는다'며 제대로 해보지도 않고 핑계 댈 생각만 하지 말고 일단 무엇이든 시도해보자. 해보고 포기해도 늦지 않다. 어떤 방법이든 시도해본 사람은 적어도 왜 나와 맞지 않는지는 안다. 하지만 안 해본 사람은 아무것도 모르고 더 이상의 발전도 없다.

타이머를 활용하여 공부 시간 총량을 기록하고, 나의 순수 공부 시간을 조금씩 늘려가면서 공부에 재미를 붙여보자. 공부를 잘하고 싶은 의지는 오래전부터 우리 안에 있었다. 그러니 타이머의 도움을 받아 나도 모르고 있던 나의 공부 의지를 끌어올려 보자. 공부가 소득과 직접적인 관련이 있는 지금, 타이머가 내 공부 의지에 불을 지펴 줄 것이다.

아침 1시간 vs 저녁 1시간,
언제가 유리할까?

지금까지는 공부를 잘하기 위한 '준비'를 해놓는 것이 목적이었다. 각자가 예상하는 수험 기간이 있고 나의 공부 속도도 그에 맞춰 가면서 공부에 적응하는 시기였다. 이 시기에는 모든 에너지를 공부에 쏟지 않는다. 내가 잘할 수 있는 것들을 찾고, 내가 보려는 시험의 특성도 파악하면서 공부 이외의 것들에도 많은 관심을 기울이는 시기이다. 더욱이 직장인이라면 일과 공부를 균형 있게 맞춰 나가야 하는 때이다. 그러면서 도약을 위한 공부 습관을 다지고 서서히 적응을 마무리해 가는 것이다.

공부 의지를 확고히 굳히고 공부 습관이 어느 정도 만들어졌다면 이제는 본격적으로 앞을 보고 열심히 달려야 한다. 이론에 대한 뼈대를 세워놨으니, 그 위에 본격적으로 살을 붙여 내 지식의 넓이와 깊이를 동시에 쌓아나가야 한다. 그러기 위해서는 나에게 잘 맞는 공부법을 한 번 더 확인해보고, 혹시 공부에 대한 의지가 줄어들었다면 공부를 시작한 동기가 무엇이었는지 상기하고 목표를 되새기며 다시 의욕을 불러일으켜야 한다.

아침형 인간과 저녁형 인간

내가 계획한 것을 실천하기 위해 아침 시간을 활용하는 것은 너무 좋은 방법이다. 시중에 나와 있는 많은 책이나 아침 시간의 장점을 십분 경험한 사람들, 그리고 성공한 사람들은 하나같이 말한다. 새벽 시간은 시간 활용의 백미(白眉:여럿 중에서 가장 뛰어난 사람이나 물건을 가리키는 말)라고. 고요한 새벽 시간에 혼자 일어나 공부하면 집중도 더 잘되고 일하기 전에 뇌를 미리 깨우게 되어 아침을 더 활기차게 시작할 수 있다고 말이다.

《미라클 모닝 밀리어네어Miracle Morning Millionaires》의 저자 할 엘로드 Hal Elrod는 아침 시간이 중요한 이유로 네 가지를 들었다.

① 선제 대응력과 생산성이 올라간다.

② 향후 발생할 문제를 예측하고 미연에 방지한다.

③ 전문가답게 계획을 세운다.

④ 더 많은 활력을 얻는다.

풀이하자면, 아침형 인간은 저녁형 인간보다 시간을 앞당겨 사용하므로 생산성이 높아 성공적으로 커리어를 쌓을 수 있고, 그로 인해 선제 대응력이 좋아지며(①), 하루를 일찍 시작함으로써 앞으로 발생할 문제를 미리 예상해 여유롭게 이를 해결하여, 설령 예기치 못한 사건이 일어나더라도 그로 인한 스트레스를 줄일 수 있다고 설명했다(②). 또 "아침형 인간은 하루를 계획하고 그날 발생할 문제점을 예측해 이에 대비할 시간뿐 아니라, 계획을 수립할 시간을 확보한다. 다른 사람들이 하루를 자신의 통제하에 두기 위해 분주하게 움직이며 애쓰는 동안 아침을 일찍 시작한 사람들은 침착하고 차분하게 평정심을 유지하며 계획대로 하루를 움직인다"고 했다(③). 마지막으로, 일찍 일어나 몇 분이나마 아침 운동을 하고 나면 뇌에 공급되는 혈액이 풍부해지면서 한결 명료하게 생각하고 일의 우선순위에 집중할 수 있다고 한다(④).

여기서 말한 네 가지 이외에도 '아침형 인간'의 장점은 너무나 많다. 《공부하는 독종이 살아남는다》의 저자 이시형 박사는 '짧게 자고^{short sleep} — 일찍 일어나고^{early up} — 낮잠을 잔다^{power nap}'는 마법 같은 시간 창출 방법을 강조하기도 했다.

> "이것은 수면과학에서 추천하는 건강과 성공의 지름길이다. 아침 일찍 일어나 밤잠을 줄이되, 낮잠으로 보충한다. 기상 시간을 1시간만 앞당겨 보라. 도시의 출근길은 10분이 다르다. 1시간 일찍 일어나면 지하철에서 앉아 공부하며 갈 수 있다. 그래서 또 1시간을 번다. 결국 아침 1시간은 2시간의 여유를 만든다. 그리고 아침의 1시간은 나른한 오후의 2시간과 효율 면에서도 맞먹는다. 이렇게 따져보면, 아침 1시간은 효율 면에서 3시간의 가치를 갖는다. 그러니, 1시간만 일찍 일어나라. 운명이 바뀐다."
>
> – 이시형,《공부하는 독종이 살아남는다》

이처럼 아침 시간은 성공의 필요 충분 조건이자, 많은 사람이 앞다투어 강조하는 시간 관리의 첫 번째 요건이다. 24시간을 23시간처럼 쓰느냐 48시간처럼 쓰느냐는 아침 시간을 어떻게 활용하는지에 달려 있다고 해도 과언이 아니다. 이 글을 읽는 독자 중에는 이미 '아침형 인간'의 장점들을 누리고 있거나, 지금은 아니지만 앞으로 장점을 누리기 위해 아침 시간을 활용할 계획을 짜고 있는 사람도 있을 것이다.

하지만 성공한 모든 사람이 전부 아침형 인간이 아니듯, 저녁형 인간이라고 하여 성공하지 못한다는 법은 없다. 아무리 아침형 인간이 성공의 필수 요건이라고 해도 나한테는 아닐 수 있는 것이다. 내 주변을 둘러봐도 아침보다 저녁에 더 공부가 잘된다는 사람이 적지 않았고, 그건 나도 마찬가지였다.

학창시절부터 줄곧 아침잠과의 싸움에서 항상 져오던 나였기에 기술사 공부를 시작했을 때도 아침 시간을 활용해야겠다는 생각은 하지 못했다. 그러다 2회독에 들어서면서 공부에 속도가 붙기 시작할 즈음 공부할 시간이 너무 부족하다는 생각이 들었다. 퇴근 후에 하는 공부만으로는 진도가 생각처럼 안 나갔고, 이러다간 목표로 한 기간 내에 합격할 수 없을 것 같았다. 공부 시간을 더 만들어내기 위해서는 결국 잠을 줄여 아침 시간을 활용하는 수밖에 없었다.

처음에는 아침 5시에 일어나 출근 준비 전까지 약 두 시간 동안 공부하는 계획을 세웠다. 공부하기로 굳게 마음먹어서인지 첫날은 생각보다 쉽게 눈이 떠졌다. 난 신기해하며 일어나서 세수하고 바로 책상에 앉았다. 그런데 학창 시절부터 저녁에 공부하는 것을 위주로 살아와서 그런지 내 몸은 아침에 하는 공부에 바로 적응하지 못했다. 몸만 일어났고 정신은 아직도 반 수면 상태였다.

그래도 이왕 일어나 앉았으니 공부를 하기 위해 온 힘을 다해 정신을 깨워보려고 노력했다. 그렇게 공부는 하는 둥 마는 둥, 잠을 깨우는 데에만 정신이 팔린 사이에 어느새 계획한 두 시간이 훌쩍 지나 있었다. 차츰 익숙해지기만을 바라며 나도 할 수 있다는 믿음으로 아침 공부는 한 달간 계속되었다.

하지만 평소보다 두 시간 일찍 일어나 공부하며 아침부터 엄청난 에너지를 소모하다 보니 업무 중에도 왠지 머리가 잘 돌아가는 것 같지 않았고, 점심시간 이후엔 식곤증이 밀려오면서 잠을 깨기 위해 또 엄청난 에너지를 쏟아야 했다. 퇴근 후 독서실에서도 쉽게 지쳤다. 11시부터 졸음이 쏟아지면서, 12시 전에 짐을 싸 들고 나오는 날이 많아졌다.

한 달이면 익숙해질 법도 한 기간이었으나 내 몸은 예상과는 달리 '아침 공부'에 적응하지 못했고, 결국 한 달이 지난 후 이 방법은 내게 맞지 않는다는 결론을 내렸다. 이시형 박사의 주장처럼 일찍 일어나고 대신 낮잠을 잘 수 있었다면 조금 다른 결과를 맺었을지도 모르지만, 직장을 다니면서 평일에 낮잠을 자는 것은 쉬운 일이 아니다. 대신 선택한 방법은 공부 시간을 저녁 시간 뒤로 늘리는 것이었다.

아침 일찍 일어나 공부할 때는 맥을 못 추던 나였지만 아침 공부를 없앤 뒤로는 밤 12시까지 공부하는 게 어렵지 않았다. 유난히 머리가 맑은 날엔 새벽 2시까지 공부하는 것 또한 가능했다. 그래서 아침 공부 시간으로 계획했던 두 시간을 퇴근 후 시간에 덧붙여서 조금씩 늘려나가기로 했고, 그런 전략은 바로 성공했다. 하지만 그렇다고 해서 아침 시간을 그냥 잠을 자며 흘려보내고 싶지는 않았기에 아침 시간을 활용할 나만의 방법을 찾아갔다. 그렇게 찾은 방법은 바로 '운동'이었다.

당시에 난 운동을 꽤나 좋아했다. '건강한 몸을 만들고 싶어서'라기보다는 운동하고 난 후의 상쾌한 느낌을 좋아했던 것 같다. 수영과 헬스 두 종류를 특히 좋아했는데, 입사 이후로 한동안은 시간을 내기 어려워 운동을 잠시 쉬고 있던 상태였다. 그때는 신입사원이어서 직장 분위기와 업무에 적응하는 것만으로도 충분히 피곤했고, 퇴근 후엔 동료들이나 직장 상사들과 함께하는 일정들이 잡힐 때가 많아 운동을 할 엄두가 나지 않았다.

어쩌다 퇴근 후에 개인 시간이 생겨도 저녁 식사에서 공부로 이어지는 일정들과 함께 계획하기에는 너무 애매했다. 퇴근 후에 바로 운동부터 하자니 공복 상태로 인해 힘을 쓰지 못했고, 설령 운동은 잘 끝마쳤더라도 피로가 쌓여 저녁 식사 후부턴 잠과의 싸움이 기다리고 있었다. 그렇다고 저녁 식사부터 하고 나서 운동을 하면

위가 가득 찬 느낌 때문에 운동이 제대로 되지 않았다. 그러던 차에 아침 공부가 잘되지 않아서 운동을 아침에 하기로 계획한 것이다. 이렇게 시작한 아침 운동은 생각지도 않았던 많은 장점을 가져다주었다. 설령 잠에서 덜 깬 상태였다고 해도 일단 수영을 하기 위해 물속에 들어가면 정신이 번쩍 들었고, 이어지는 헬스로 땀을 흘리며 운동하고 샤워한 후 출근하면 하루 종일 상쾌한 느낌이 들었다. 이런 상쾌한 기분이 회사 업무는 물론 저녁 공부에까지 좋은 영향을 끼쳤다.

공부하기에 가장 적합한 시간대는 언제일까?

이런 개인적인 차이에도 불구하고 많은 사람이 아침을 예찬하는 이유는 '아침 시간 활용의 우수성'에 있다. 자기계발을 한다는 것은 보통의 일상에 '별도의 시간'을 추가함을 의미한다. 영어 공부를 하겠다고 결심했을 때, 학원에서 수업을 듣는 것만으론 부족하다. 따로 하는 내 공부 시간이 있어야 수업도 잘 따라갈 수 있고 실력도 눈에 띄게 늘어난다. 남들과 똑같이 일하고 회식하고 야근하는 와중에 공부까지 하려면, '남들은 무심코 흘려보내는 시간'을 낚아채, 나만의 특별한 시간으로 활용하는 수밖에 없다.

그렇게 무심코 흘려보내는 시간 중에 가장 활용하기 좋은 시간이 아침 시간이다. 정확히 말하면 '새벽 시간'이기도 한 이 시간은 잠을 통해 뇌를 정화하고 에너지를 충분히 충전한 뒤, 그 에너지를 사용하는 '첫 시간'이기 때문에 다른 시간에 비해 내 몸 상태가 내/외적으로 최상의 상태라고 할 수 있다. 그리고 새벽 시간에는 가족도 잠들어 있고 주변이 고요해서 집중력도 평소보다 높아진다. 이런 상태에서 공부나 독서 또는 자신이 좋아하는 무언가를 하면 그 효과는 평소보다 좋을 것이다. 실제로 수많은 사람이 이 놀라운 효과를 체험했고, 많은 이들의 경험이 아침 시간의 중요성을 뒷받침했기에 사람들은 아침 시간을 잘 활용해야 한다고 강조해 왔던 것이다. 그리고 이는 나 역시 같은 생각이다.

하지만 모든 직장인의 근무시간이 9~18시로 일률적이진 않은 것처럼, 그들의 '아침 시간' 역시 같은 시간대가 될 수는 없다. 체질이나 건강상의 이유로 특정 시간대가 유난히 힘든 사람이 있고, 업무 특성상 아침엔 반드시 휴식을 취해야 하는 사람이 있을 수도 있다. 교대근무처럼 근무시간이 매번 달라지면서 아침-점심-저녁을 전부 활용해야 하는 사람도 있다. 그래서 사람에 따라 '나만의 아침 시간'은 다르게 해석될 수 있는 것이다.

이런 다양한 시간 중에 나에게 맞는 시간대를 찾기 위해서는 먼저, 무리가 가지 않는 선에서 내 생활 속 여유 시간대를 정해야 한다. 새벽, 아침, 점심, 저녁, 혹은 밤 10시 이후의 시간대 중에서 1시간 이상 공부에 할애할 수 있는 시간을 계획해본다. 그리고 그 시간에 공부하면서 이후의 컨디션을 계속 관찰한다. 업무에 지장을 주지 않고 몸에 무리가 가지 않으면서 집중이 특히 잘되는 시간대가 있는지, 있다면 그 시간대에 공부하는 것을 계속 유지할 수 있는지 생각해본다. 전체적인 내 생활 패턴에서 수월하게 만들 수 있는 시간인지 파악하는 것도 중요하다.

또한 나에게 맞는 시간대를 찾을 때는 갑작스러운 일정에도 타격을 적게 받을 수 있는 시간대가 좋다. 예기치 못한 일은 언제나 일어나고 우리 삶에서 공부보다 중요한 일은 너무나 많기 때문에 그런 상황이 닥쳤을 때 내 공부를 위한 시간은 항상 뒤로 밀릴 수밖에 없다. 그래서 하루 중 '이 시간만큼은 온전한 나만의 시간'이라고 할 만한 시간대를 찾아보고, 그 시간만큼은 사수하려고 노력해보자. 단 1시간이어도 좋다. 아무것도 못 하는 것보다는 충분히 훌륭하다.

나에게 맞는 시간은 누구보다 나 자신이 가장 잘 알고 있다. 아무리 주변에서 아침 시간이 좋다거나 또는 밤 시간이 좋다고 해도, 적용은 해볼지언정 정하는 것은 나다. 내가 잘 활용할 수 있는 최상의 시간대를 찾아 일과 공부의 균형을 맞춰보자. 지금의 생활 패턴에서 약간의 변화만 주어도 생각지 않게 많은 장점을 발견할 수 있을 것이다.

잠을 잘 자야 공부 효율이 올라간다

하루의 적정 수면 시간은 평균 8시간으로 알려져 있다. 또한 미국 수면의학회AASM에서는 성인의 경우, 1일 최소 7시간 이상 잘 것을 공식 권고하고 있다. 하지만 바쁜 현대인들에게는 7시간의 수면 시간을 챙기는 것도 버겁다. 특히 한국 직장인들의 평균 수면 시간은 6시간 6분으로(2016년) OECD 회원국 중에서 최하위를 기록하고 있다. 그 이유 중 하나로 과중한 업무로 인한 스트레스가 있으며, 최근 들어서는 늦춰진 TV 드라마 시간, 원하는 것을 몰아서 볼 수 있는 미디어 환경, 유튜브와 같은 동영상 플랫폼 등의 발달로 인해 점점 늦게 자는 사람이 많아지는 추세다. 잠을 줄여서 일을 하고, 잠을 줄여서 놀다 보니 수면시간이 줄어들고 줄어든 수면시간을 만회하기 위해 카페인 음료를 마시다 보면 그만큼 수면의 질도 떨어진다. 그러다 보니 직장인들은 항상 만성적인 수면 부족을 달고 산다.

'수면 파산'이라고까지 회자되는 이런 수면 부족 상황에서 우리는 공부까지 하고 있다. 해야 할 일과 공부는 많은데 시간은 여전히 부족하기 때문에 우리는 항상 잠과 싸우고 있다. 거기다 육아까지 해야 하는 기혼자라면 하루가 24시간인 게 그렇게 원망스러울 수가 없다. 당연히 잠을 줄이는 것이 수험 생활에서 최대 임무가 되어버린다.

하지만 잠이 주는 힘은 사실 엄청나다. 삶의 구석구석에 깊은 영향을 미친다. 충분한 잠은 정신을 맑게 해주고, 일의 능률을 높여주며, 기분을 좋게 하고, 여유를 느끼게 해주어 사람과의 관계에도 윤활유가 되어준다. 우리가 입버릇처럼 말하는 '일이 많아서 잠을 많이 못 자는 것'은 알고 보면 '잠을 못 자서 일의 능률이 떨어진 것'을 의미한다고 수면전문가들은 말한다.

공부도 마찬가지다. 고3 수험생들의 합격 수기에는 4당 5락(4시간 자면 합격하고 5시간 자면 떨어진다는 뜻)이 진짜였다는 말은 거의 나오지 않는다. 오히려 최상위권 수험생들의 수면 시간은 대부분 5~7시간으로 안정적이었고, 그 수면 시간을 가장 중요한 휴식 시간으로 간주하고 있었다. 그래서 잠을 잘 때도 최선을 다해, 숙면에 방해가 되는 요소들은 과감하게 제거하면서 잠을 잤다고 한다.

이러한 이유 때문에 우리는 잠을 '잘' 자야 한다. 잘 자기 위해서 규칙적인 습관을 생활화하고 잠의 호르몬인 멜라토닌의 '컴컴해졌으니 이제 그만 잠자리에 들라'고 하는 명령에 귀 기울여야 한다. 내 컨디션이 허락하는 범위 내에서 최소의 수면 시간을 최대의 효율로 자려고 노력해야 한다. 그러기 위해서는 단계적으로 나의 '적정' 수면 시간을 파악할 필요가 있다.

먼저, 지금까지 나의 평균 수면 시간이 7시간이었다면 30분만 줄여보자. 줄인 시간만큼을 아침이나 밤에 붙여서 공부해보고 내 컨디션을 살펴보자. 이 패턴을 일주일간 시도하고, 업무 효율이나 집중도 면에서 큰 차이가 없다고 느껴진다면 6시간 30분은 나에게 적절한 수면 시간이라고 보고 한동안 유지한다. 그리고 그 시간이 완전히 익숙해졌을 때 다시 30분을 줄여본다. 이제는 내 수면 시간이 6시간이 된다. 그런 다음 앞에서 실행한 '내 컨디션 살펴보기'를 계속한다. 커피를 더 마시게 되거나 자꾸만 정신이 몽롱해져서 집중력이 저하되는 일이 발생한다면 나에게 6시간은 맞지 않는 것이므로 다시 수면 시간을 늘리자.

잠을 무턱대고 줄여서 얻는 이득은 별로 없다. 저절로 잠이 줄어들지 않는 이상 적당한 수면 시간은 꼭 필요하다. 세계적인 신경 과학자이자 수면전문가인 매슈 워커Matthew Walker는 잠이 짧아질수록 수명도 짧아진다고 경고했다. 그러므로 인생을 길게 보면서, 단순히 공부만 잘하기 위해서가 아니라 오래 잘 살기 위해서 우리는 잠을 잘 자야 한다고 했다. 자려고 누운 상태에서 스마트폰을 켜지 않고,

밤 11시 이후에 TV를 켜지 않으며, 술을 멀리해야 한다. 물론 매일 지키는 건 어렵다. 그래도 최소한 가까이 가기 위해 노력해야 한다. 공부하기 위한 시간 또한 나의 적정 수면 시간을 지켜가면서 만들어 보자.

근무 형태에 따라
계획표도 바뀌어야 한다

준비 단계에서의 계획 세우기

지금까지 우리는 메타인지, 동기 부여, 공부 환경, 목표 세우기 등 공부를 잘하기 위한 여러 조건을 살펴봤다. 이것들을 토대로 공부를 시작할 준비가 되었다면 이제는 공부를 위한 계획을 세워야 할 차례다. 그중에서도 가장 먼저 할 일은 '1회독 끝내기'이다.

이 시기에는 대부분의 이론이 처음 배우는 것들이고, 아직 각각의 이론 간에 유기적인 관계 파악이 어렵기 때문에 한 단원씩 공부해 나가는 것도 벅차다. 어떤 부분은 쉽게 내용이 이해되기도 하나, 많은 부분은 그렇지 않다. 어렵사리 하나를 암기했다고 하더라도 다음 단원으로 자연스레 이어지지 않고, 힘들게 외운 것조차 어디에 쓰이는 것인지 잘 파악되지 않는다. 그런 상태로 계속 강의를 듣고 열심히 복습해도 지나고 나면 내가 공부한 것은 다 어디로 갔는지 하나도 기억나지 않을 때가 많다.

하지만 공부 초기에 이런 현상은 매우 당연한 것이다. 첫술에 배부르지 않은 것처럼 겨우 한 번의 강의를 듣는 것으로 모든 내용이 착착 정리될 수 없다. 당연히 내용에 구멍이 생기고 어떤 것을 배운 것인지조차 가물가물하게 된다. 그래도 우린 가장 먼저 '전체 1회독'을 목표로 해야 한다. 당장 어제 외운 것이 생각나지 않더라도 불안해하지 않길 바란다. 조급한 마음을 버리고 일단 처음부터 끝까지 전체를 공부하는 것이 우선이다.

숲속에서는 숲 전체가 보이지 않는다. 숲을 가로질러 나와야 숲 전체가 보인다. 마찬가지로 지금은 비록 각각의 이론을 배우고 익히는 것조차 버거울지라도 일단 1회독을 끝내고 나면 전체적인 맥락을 파악할 수 있게 된다. 그러면 2회독, 3회독으로 나아갈 때의 이해력과 속도는 처음에 비할 바가 아니다. 배운 것을 착실히 복습하고 암기하되 기억나지 않는 부분에 연연해하지 말고 일단 1회독을 완료하는 데 집중하자. '이게 과연 머릿속에 남을까?' 하고 걱정할 필요도 없다. 천 리 길도 한 걸음부터라 생각하고 마음을 가다듬으며 공부하자. 전체적으로 한 번 배우고 나서 배운 것을 착실히 복습하는 과정을 거치면, 다시 강의를 듣거나 공부할 때 처음과는 다르다는 것을 확연히 느낄 수 있을 것이다. 그러니 조급해하지 말고 일단 1회독을 시도하자.

두 번째로 세워야 할 계획은 '내가 할 수 있을 만큼의 하루 공부량 정하기'이다.

공부 시작 초기에는 배운 것을 복습하면서 이해하는 데 시간이 많이 소요되기 때문에 공부 진도가 더딜 수밖에 없다. 아는 것도 별로 없어서 실질적으로 공부하는 양이 그리 많지 않다. 반면, 의욕은 넘치다 보니 나도 모르게 빠듯한 계획을 세우기 쉽다. 초등학교 때 쉬는 시간 하나 없이 '식사-공부-놀기-잠'을 빼곡히 채워 넣은 생활계획표rounded plan처럼, 4시간을 오롯이 집중해야 달성할 수 있는 계획표 말이다. 이 시기에는 집중력이나 이해도, 암기력, 몸 상태, 퇴근 후 일정, 그리고 내가 하루 동안 얼마만큼의 공부량을 소화할 수 있는지를 정확히 모르기 때문에 내 공부 의욕보다 조금 적게 공부량을 정할 필요가 있다. 조금 적은 양이어도 확실하게 내가 끝낼 수 있다고 생각하는 만큼만 계획에 넣고 그것을 실행해보자.

얼마나 많이 공부했는가 하는 것보다는 '계획한 양을 끝냈다'는 성취감을 가지는 것이 이 시기에는 무엇보다 중요하다. 이 성취감을 바탕으로 나의 공부 기준선이 생기고, 그걸 바탕으로 공부량도 조금씩 늘려나갈 수 있다. 내 몸 상태나 공부 집중도, 그리고 업무 일정에 따라 양을 조절하는 능력도 생긴다.

시간과 몸은 안 따라주는데 의욕만 앞서서 처음부터 무리했다가는 쌓여가는 밀린 공부에 질려 목표를 포기하게 될 가능성이 커진다. 또는 무리한 계획임에도 불구하고 빠른 합격을 위해 따라가다 보면 어느 순간 몸에 탈이 나기도 한다. 그러니 이 시기에는 확실하게 끝낼 수 있는 만큼만 공부 계획에 넣고 실행해보자. 단, 아주 조금의 양일지라도 계획한 것만큼은 확실하게 마무리 지어보자. 작은 목표도 반복해서 성공하면 자신감이 생기고, 더 큰 목표를 이루는 데 큰 자산이 된다.

계획표 만들기

계획표는 주week를 기본 단위로 설정하는 게 가장 좋다. 하루 계획표는 공부할 내용의 전체적인 윤곽을 잡으며 구체적인 맥락을 잡기에는 시간이 너무 짧다. 더군다나 직장인에게는 하루 중 공부할 수 있는 시간 자체가 매우 적기 때문에 하루 계획이라고 해봤자 순식간에 지나가는 순간으로 느껴질 뿐이다. 게다가 예상치 못한 일정 변화까지 생기는 경우에는 일주일에 네다섯 번은 계획만 수정하다 끝날 가능성이 크다.

반면에, 한 달 계획표는 마음을 너무 여유롭게 만든다. 한 달은 지금 시점에서 굉장히 긴 시간이라서 오늘 하루 일을 미뤘다고 해서 전체적인 계획에 큰 차질이 생길 것 같진 않아 보인다. 그래서 나도 모르게 '괜찮아'를 연발하며 하루의 계획을 미룰 가능성이 있다. 한 달이 지나 지난 시간을 돌아보며 반성할 때는 이미 많은 공부 시간을 놓친 뒤다.

3년을 계획하고 시작한 공부라면 남은 2년 11개월 동안 착실하게 공부한다고 가정했을 때 지난 한 달을 만회할 시간이 있겠지만(사실 이것도 힘들다), 3개월을 계획하고 시작한 공부라면 지나버린 한 달의 충격은 너무나 크다. 남은 2개월 동안 원래 계획한 만큼 못하는 것은 물론, 그동안 못한 공부를 만회하려다가 걱정만 늘고 조급함이라는 방해꾼까지 더해져 괜한 에너지를 낭비하게 될지도 모른다. 애초에 2개월로도 충분히 합격 가능한 시험이었다면 상관없겠지만 말이다.

그래서 공부 계획은 일주일 단위로 세우는 것이 가장 적당하다. 일주일 치 공부량을 먼저 정하고, 그것을 주중 공부 시간(예를 들어, 평일 하루에 4시간씩 3일 동안 공부한다고 하면 공부가능한 시간은 총 12시간)에 맞춰 적절히 공부량을 나눈 다음, 다시 하루의 공부 계획을 내용에 따라

세분화한다.

일주일을 펼쳐놓고 시간 계획을 세워보자. 월화수목금(4+4+4+4+4) – 토(4+4+4) – 일(4+4+4)처럼 4시간씩 열한 번 계획할 수도 있고, 월화수(3+3+3) – 토(3+3+3) – 일(3+3+3)처럼 3시간씩 아홉 번 공부하는 것으로 계획을 세워도 좋다. 나의 스케줄에 맞게 공부 시간을 정하고, 계획한 공부 시간을 실천해보자. 그 시간을 하나씩 채워간다는 생각도 좋고, 지워간다고 생각해도 좋다. 중요한 것은 매일 나의 공부 시간을 체크하고 실행하지 못했을 때는 반성하며 나아가야 한다는 것이다. 일주일의 공부 시간은 생각보다 빠르게 지나간다. 매일 체크하지 않으면 밀리는 건 시간문제다.

이처럼 일주일의 공부 계획을 세울 때는 한 가지 더 고려해야 할 사항이 있다. 그것은 바로 '근무 형태'이다. 모든 직장인들이 9~18 사이클(오전 9시 출근~오후 6시 퇴근)을 갖진 않는다. 교대 근무처럼 평일과 주말 구분 없이 근무와 휴일을 병행하는 직장인이 있는가 하면, 출근은 낮 2시 퇴근은 밤 10시인 직장인들도 있다. 또한 평일 중 평균적으로 3일은 야근이 필요한 업무 특성을 가진 회사도 많고, 현재 퇴직하여 구직 활동 중인 사람도 있을 것이다. 근무 형태에 따라 만들 수 있는 시간의 양과 시간대가 다르고 자연히 공부 계획 또한 달라진다. 장거리 출장이 일상인 직장인과 정시에 퇴근하는 직장인의 공부 계획이 같을 수는 없다. 따라서 공부 계획은 자신의 근무 형태를 충분히 고려한 다음에 확보할 수 있는 개인 시간을 구분하고 그 안에서 공부 가능한 시간을 최대한 추출하여 세워야 한다.

여기서는 근무 형태를 규칙적인 근무 시간을 갖는 9~18 타입과 아침/저녁과 평일/주말 구분 없이 업무 시간이 정해지는 교대 근무 타입의 두 경우로 나누어 살펴보았다. 각 근무 타입별 일주일 계획 세우기를 참고하여, 자신의 근무 타입에 맞게 공부 계획을 세워보자.

9~18타입 : 이 타입인 사람의 공부 계획은 크게 주말에 학원 수업을 수강하는 것(오프라인 강의)과 평일에 동영상 강의(온라인 강의)를 수강하는 두 종류로 나뉜다. 먼저, 주말에 오프라인 학원수업을 수강하게 되는 경우를 살펴보자. 이 경우에는 주말에 학원에서 배운 것을 기준으로 공부 계획을 세운다. 오늘 배운 것은 무조건 다음 수업 전까지 복습과 정리를 끝낸다는 계획하에 공부량을 배분한다. '수업 내용 = 일주일 동안의 공부량'이 되고, 그것을 나의 주중 스케줄에 맞게 적절히 배분할 수 있다. 주말은 보충 시간이니 예외로 생각하고, 복습은 무조건 평일 내에 끝낸다고 생각하라. 수업 내용을 전부 소화하기 위해서는 최소 3일에서 최대 5일의 시간이 필요하다. 배운 것을 내 것으로 소화하기 위해 걸리는 시간은 일반적으로 적어도 수업 시

간의 최대 세 배는 필요하다고 보기 때문에, 수업 시간이 4시간이면 12시간의 복습 시간이 필요한 셈이다. (수업 시간이 6시간인 경우 쉬는 시간 과 이론 외 잡담 시간, 유난히 이해가 빠른 내용 등 여러 사항을 고려하면 평균 수업 시간 은 약 4시간이다. 결국 평일 공부 시간은 기본 12시간은 잡아야 한다는 결론이 나온다.)

직장인들에게는 퇴근 후의 일정도 업무의 연장일 때가 많아서 평일 저녁 시간 전부를 공부 시간으로 만들기는 쉽지 않다. 그래서 공부 계획을 완료하지 못할 가능성을 고려하여, 저녁 약속이 많을 것으로 예상 된다면 평일 중 최대 이틀은 비워두고 3일로 공부 계획을 짜는 것이 좋다. 그러면 퇴근 후 하루 4시간씩 공부한다고 했을 때, 평일에만 12시간, 특별한 일정 없이 5일 내내 저녁 시간을 맞이하게 된다고 하면 최대 20시간까지도 공부 시간을 만들 수 있다는 계산이 나온다.

주말에 학원 강의를 듣고 온 날은 따로 공부 시간을 넣지 않는다. 이때는 배운 것을 노트에 정리하는 시간이다. 정리하면서 강의 내용을 전체적으로 정리하고 훑어보는 것으로 공부 시간을 대신한다.

오프라인 강의 대신 동영상 강의를 듣는다면, 가장 주의할 부분은 '강의 시간 제한하기'이다. 온라인 학습은 오프라인 수강과 비교할 때 많은 장점을 갖고 있다. 오가는 이동 시간을 없애주고 편한 장소에서 내가 원하는 만큼 강의를 들을 수 있다. 깜박하고 못 들었거나 이해가 안 되는 부분은 몇 번이고 되돌려서 다시 들을 수도 있으며, 마음만 먹으면 한 달 분량의 강의도 일주일 내로 다 들을 수 있다. 그런 장점들로 인해 많은 사람이 동영상 강의를 택하고, 또 같은 이유로 공부 계획에 욕심을 낸다. 빨리 끝낼 수 있다는 생각에 강의 듣기와 복습 시간을 격일로 하는 등의 무리한 계획을 세우기도 한다.

하지만 정확한 내 능력치를 모르는 상태에서는 공부량을 예상보다 살짝 적게 계획하는 것이 좋다. 터무니없이 적은 양을 공부하라는 게 아니라, 내가 의욕적으로 잡은 양보다 조금 적게 계획하라는 뜻이다. 공부량은 그것을 완료하고 난 뒤에 조금씩 늘려가도 충분하다. 왕창 계획해 놓고 실패해서 줄여가는 것은 좋은 방법이 아니다. 공부량이 줄어들수록 계획은 밀리고 남은 공부량을 볼 때마다 조급함만 생긴다. 계획한 양을 못 끝내는 자신을 보면 내 능력은 이것밖에 안된다고 자책하며 주눅만 들 뿐이다. 이런 계획은 안 하느니만 못하다.

어서 진도를 나가고 싶은 마음은 충분히 이해하나, 일단 지금은 한발 물러서서 객관적으로 계획을 세워야 하는 시기이다. 적은 양이라 생각했던 공부 계획을 완료한다면 그다음 계획부터 단계적으로 양을 늘리고, 혹시 계획한 시간 안에 정해진 분량을 못 끝낸다면 너무 욕심을 부렸다고 반성하고 다시 공부량을 배분해보자.

이렇게 평일과 강의 시간 하루를 빼고 나면 주말 하루가 남는다. 이날은 일주일간의 공부 계획을 완료하기 위한 마무리 시간이자, 뒤처진 부분을 만회하고 다음 주를 다시 활기차게 세팅하기 위한 리셋의 시간이다. 이때의 공부 계획에는 반드시 여유 시간을 넣어, 평일에 미처 하지 못한 공부를 보충한다. 만들 수 있는 공부 시간이 8시간이라고 한다면 그중의 반인 4시간을 여유 시간으로 잡는 식이다. 그리고 나머지 4시간은 공부한 것을 '다시 보는' 시간이다.

나는 이 주말 시간이 직장인들에겐 정말 중요하다고 생각한다. 평일에는 많아야 4시간의 뭉치 시간이 생긴다면, 주말에는 내 의지에 따라 10~12시간까지도 만들 수 있기 때문이다. 이런 뭉치 시간이 있어야 공부량과 함께 내 실력도 눈에 띄게 성장할 수 있다. 30분이나 1시간처럼 짧은 시간만으로는 몰입하면서 속도감 있게 공부해 나가는 데 한계가 있다. 특히 공부 초반에는 더욱 그렇다. 평일 내내 일하랴 공부하랴 애쓴 나에게 하루쯤 쉴 자격은 충분하지 않나 생각하겠지만, 그렇게 하루를 통으로 쉬어버리면 다시 공부 엔진에 시동을 걸기 위해서는 또 추가적인 워밍업 시간이 필요하게 된다. 그러니 남들 쉬는 날이라고 하여 나도 쉬자는 생각은 일찌감치 버려라. 그러면 수험 생활만 늘어나고 나의 합격증은 멀어져 간다.

굳이 공부할 수 있는 시간을 휴식 시간으로 만들지 않아도, 쉴 수 있는 시간은 얼마든지 만들 수 있다. 식사 시간이나 기타 자투리 시간을 이용하여 휴식을 즐길 수도 있고, 평일 공부 계획을 차질 없이 마무리했다거나 보충할 양이 얼마 없는 경우 주말 보충 시간을 고스란히 휴식 시간으로 활용할 수 있다. 그러니 주말은 쉬는 날이라고 생각하기 전에, 내 할 일을 먼저 다 끝내기 위해 노력해보자. 그러면 휴식 시간이라는 보너스는 저절로 따라온다.

<9~18타입 일주일 계획표: 평일>

시간 일과	7:00~ 8:00	8:00~ 9:00	9:00~ 18:00	18:00~ 19:00	19:00~ 20:00	20:00~ 24:00	비고
1(월)	운동(30) 출근준비	출근길(30)	업무	퇴근길(30)	저녁 식사 공부 준비	공부 4hr	
2(화)	운동(30) 출근 준비	출근길(30)	업무	퇴근길(30)	저녁 식사 공부 준비	공부 4hr	
3(수)	운동(30) 출근 준비	출근길(30)	업무	퇴근길(30)	저녁 식사 공부 준비	공부 4hr	
4(목)	출장 준비	출장			저녁 식사 공부 준비	공부 3hr	출장일
5(금)	운동(30) 출근 준비	출근길(30)	업무	회식			회식일

( ) : 운동, 자투리시간 공부

chapter 2

<9~18타입 일주일 계획표: 주말>

시간\일과	7:30~8:00	8:00~12:00	12:00~13:00	13:00~17:00	17:00~18:00	18:00~22:00	22:00~24:00
6(토)	아침 식사	인터넷 강의 4hr	점심 식사 휴식	공부 (복습) 4hr	저녁 식사 휴식	공부 (복습) 4hr	휴식
7(일)	아침 식사	공부 4hr		공부 4hr	저녁 식사, 휴식, 다음 주 계획 세우기		

교대 근무 타입 : 이 타입의 경우, 공부 시간이 오전-오후-저녁 시간대를 넘나들면서 전천후 공부 습관이 형성되어야 한다는 점, 혼자서 공부하는 시간이 많아 공부에 대한 의지력이 더 요구된다는 점에서 공부하기 어려운 환경으로 비치기도 하지만, 이 타입만의 장점이 존재한다. 9~18타입 직장인들의 주말 공부 시간과 같은 뭉치 시간을 수시로 만들 수 있어 공부 흐름을 잡기에 유리하다는 점(이해가 잘 안 되는 부분을 이해될 때까지 반복해서 본다거나, 하나의 범주에 속하는 여러 이론들을 나누지 않고 한 번에 공부할 수 있다), 그리고 일단 수면 시간을 포함한 컨디션 조절에 능숙해지면 업무 시간과 수면 시간을 제외한 대부분의 시간을 공부 시간으로 간주하게 되면서 엄청난 공부 시간을 만들어낼 수 있다는 점이다. 낮 시간대에 공부할 수 있으므로 사설 독서실이나 스터디카페가 아닌 도서관을 이용할 수 있어서 돈도 절약할 수 있

다. 이런 장점을 충분히 활용한다면, 합격은 내 생각보다 훨씬 빠르게 내 손에 들어온다고 확신한다.

이 경우도 마찬가지로, 오프라인 학원 강의를 수강하는 방법과 동영상 강의를 수강하면서 혼자 공부해가는 방법이 있는데, 근무 특성상 오프라인 학원 강의와 자습을 병행하는 공부 방법은 교대 근무 타입의 직장인들이 선택하기에 애매할 수 있다. 평일/주말 반으로 나뉘어 있어 선택의 폭이 있다고는 해도, 어느 시간대든 근무 시간과 겹치는 날이 생기게 마련이다. 몇 번 결석할 것을 감수하고 수강할 수도 있겠지만, 나라의 지원을 받는 '재직자 환급과정'이라면 결석 횟수가 제한되어 있어 이마저도 쉽지 않다. 그래서 교대 근무 타입의 직장인들은 동영상 강의를 선택하거나, 마음이 맞는 사람들과 스터디모임을 결성하여 공부한다. 그도 아니면 혼자 해봐야겠다고 다짐하는 등 많은 부분을 자습의 형태로 공부하게 된다. 그중에서도 여기서는 동영상 강의를 수강하는 것에 초점을 맞춰 살펴보려 한다.

교대근무타입의 직장인들은 일반적인 평일/주말의 개념과 다른 업무 일정을 갖지만, 그렇다 하더라도 공부 계획은 가능하면 일주일을 기본 단위로 하여 세우는 것이 좋다(혹은 내 업무 시간표에 맞춰 열흘 이내에서 기본 단위를 정하는 것도 괜찮다). 강의 듣기와 자습시간을 번갈아 계획하는 방법도 있고, 일주일치 강의를 하루에 몰아서 본 다음 남은 6

일 동안 복습하는 식으로 계획할 수도 있다.

강의 듣기와 복습을 번갈아 계획하는 경우, 이 계획을 성공적으로 실천하기 위해서는 반드시 다음 강의 수강 전까지 복습을 완료해야 한다. 이때 복습에는 노트 정리도 포함하는데, 처음 배울 땐 노트 정리에 시간이 많이 소요되므로 복습 시간은 생각보다 촉박할 수 있다. 그래서 공부 초반에 이 방식으로 공부 계획을 세울 때는 '동영상 강의 1개-하루 복습'을 하는 식으로 여유 있게 계획을 세우고, 기존에 잘 알고 있던 내용이거나 상대적으로 덜 중요한 부분은 한 데 묶는 식으로 속도를 조절한다.

그래야 다음 강의를 수강하는 것이 수월하고, 복습할 양이 쌓이지 않아 강의 듣기와 복습의 선순환이 잘 이루어진다. 강의를 전부 수강하고 노트 정리와 복습 1회를 완료한 후에는 다시 처음부터 복습한다. 그러다 특히 이해가 어렵다거나 처음 강의에서 놓친 부분이 있다면 그 부분만 다시 듣고, 추가로 문제 풀이 강의를 따로 수강하는 등 내 수준에 맞게 강의를 선택하여 보완해 나가도록 하자.

일주일치 강의를 하루에 몰아서 보게 되면, 배운 것을 나머지 6일에 걸쳐 복습하게 되므로 상대적으로 시간이 여유 있게 느껴지기도 한다. 하지만 막상 공부에 들어가면 예상과는 달리 시간은 항상 부족하다. 오프라인으로 수업을 들을 땐 강의 시간이 정해져 있으므로 복습 여부와 관계없이 진도가 나가고 내 복습량만 밀린다. 하지만 혼자 동영상 강의 듣기와 복습 시간을 배분하여 공부 계획을 이끌어나갈 땐 복습하지 못한 것을 이유로 다음 강의 수강이 미뤄지는 등 계획을 수정하는 일은 부지기수로 일어난다.

이렇게 계획이 틀어지는 걸 방지하기 위해서는 내가 정한 강의 듣기 시간을 마치 오프라인 강의처럼 못 박아 둘 필요가 있다. 무슨 일이 있어도 그 날은 강의를 들어야 한다. 전 주에 복습이나 노트 정리를 완료하지 못했더라도 강의를 들은 이후에 복습하는 계획을 세워야 한다. 처음에는 시간을 어길 때도 있겠지만, 강의 시간을 정해두고 계속 의식하다 보면 나와의 약속을 지키는 순간이 늘어난다. 그렇게 점점 마치 오프라인 강의를 듣는 것과 같은 강제성이 생기면서 수업 진도만큼은 계획대로 진행해 나갈 수 있다. 그런 다음 이해하기 어려운 부분과 쉬운 부분, 시험에서 상대적으로 중요한 부분과 덜 중요한 부분을 구분하여 복습 시간을 할애하면 크게 수정하는 일 없이도 계획을 이끌어갈 수 있다.

이 중에 무엇이 더 좋다고는 말할 수 없다. 어느 방법을 선택하든 자신의 공부 스타일에 맞게 계획하고 실천해보자.

<교대 근무 타입 일주일 계획표: 3교대 예시>

시간 날짜(근무)		7:00~ 8:00	8:00~ 9:00	9:00~ 18:00	18:00~ 19:00	19:00~ 20:00	20:00~ 24:00	비고
1(월)	주간	운동(30) 출근 준비	출근길(30)	업무	퇴근길(30)	저녁 식사 공부 준비	공부 4hr	
2(화)	당직	운동(30) 출근 준비	출근길(30)	업무				
3(수)	비번	업무		퇴근-취침-공부(수면 시간 외 공부)				

*'주간-당직-비번' 반복

<교대 근무 타입 일주일 계획표: 4교대 예시>

시간 날짜(근무)		7:00~ 8:00	8:00~ 9:00	9:00~ 18:00	18:00~ 19:00	19:00~ 20:00	20:00~ 24:00	비고
4(목)	주간	운동(30) 출근 준비	출근길(30)	업무	퇴근길(30)	저녁 식사 공부 준비	공부 4hr	
5(금)	야간	운동(30) 공부 준비	공부 8hr + 출근 준비	업무				
6(토)	아침	업무		퇴근-취침-공부(수면 시간 외 공부)				
7(일)	비번	9-18타입의 주말 공부 패턴						

*'주간-야간-아침-비번' 반복

오직 자습만이 답이다

수험 생활 처음부터 끝까지 혼자 헤쳐나가면서 공부하는 사람들이 있다. 주변에 같은 공부를 한 사람이 있어서 각종 자료와 노하우를 전수받았거나, 나름의 조사 결과 혼자서도 충분히 해낼 수 있다는 결론을 내린 사람이라면 학원 강의는 아예 배제하고 시작할 가능성이 크다. 그리고 실제로 독학으로 합격이 가능한 시험이 꽤 많다.

준비하려는 시험이 자신의 업무 혹은 전공과 많은 부분 겹쳐서 과년도 문제를 통해 시험 유형을 익히고 문제 풀이에만 집중해도 합격이 가능하거나 시험 특성상 학원에서 배워야 할 만큼 어려운 것이 아니라는 생각이 들 때, 학창 시절부터 혼자서 공부해오던 습관이 자기주도학습으로 발전하여 독학을 선택하게 된 경우, 그리고 이미 학원수업을 다 들은 상태에서 시험에 연달아 떨어지고 다음 시험을 준비할 때 등 혼자서 공부하는 이유는 다양하다. 이런 경우에도 물론 계획 세우기는 필요하다. 오히려 외부의 강제력이 전혀 없는 상태이기 때문에 더더욱 계획을 철저하게 세워 나 스스로 강제성을 부여할 필요가 있다.

처음 도전하는 시험이지만 업무, 전공과 많은 부분이 겹쳐 난이도가 낮다고 생각하는 경우에는 기본서나 기출문제집 분량을 시험일

일주일 전까지 전체를 최소 두 번 이상은 볼 수 있도록 계획한다. 또는 학원의 진도표를 참고하여 그 일정에 맞춰 혼자 공부해나가는 방법도 있다.

아쉽게 떨어진 시험의 경우에는 기출문제집을 새로 구입하여, 위의 과정을 다시 시작한다는 마음으로 풀어봐야 한다. 기존 문제집 반복으로는 다 안다는 착각에 무너지기 쉽다.

계획표 실천하기

계획표를 만들고 실천한 후에는 계획표대로 하고 있는지 확인하는 과정이 필요하다. 당연한 말을 한다고 생각하겠지만 계획표에 익숙하지 않은 사람은 확인하는 과정조차도 계속 의식하고 있어야만 실천할 수 있다. 계획한 '시간'만큼 실천했는지, 예정한 '범위'의 공부를 전부 끝냈는지, 공부하기로 계획했던 과목은 전부 살펴봤는지 확인하면서 자신이 알아볼 수 있는 표시를 하라. 전혀 하지 못한 것과 절반만 한 것, 계획대로 완벽하게 끝낸 것을 구분하여 X/△/○로 표시할 수도 있고, 계획한 만큼 완료한 것과 그렇지 못한 것만을 구분하여 ○/X 로 표시할 수도 있다. 또는 세부 내용을 섬섬하면서 계획한 공부 시간과 공부량을 비교하고 데이터를 쌓으며 점점 내 공부 적당량을 맞춰 갈 수 있도록 하는 것도 좋다. 어떤 형식이든 너무 좌절감을 느끼지 않으면서 내 공부 의욕을 자극시키는 방향으로 표시해 보자.

★ 똑똑한 계획표 따라 하기 ★

1. 일단 일주일 동안 공부할 양을 정하자.

직장인의 경우 특히 공부 초기 단계에서 내가 얼마만큼의 양을 얼마의 시간 동안 공부할 수 있을지 가늠이 안 될 수 있다. 그래서 의욕만큼 계획을 세웠다가는 돌아보는 과정에서 X표 폭격을 맞을 수도 있으니, 약간 적은 양이다 싶은 만큼 하지만 확실히 끝낼 수 있겠다 싶은 만큼만 공부할 범위를 정하여 계획을 세워보도록 하자. 시간이 아니다. 공부할 '양'에 초점을 맞춰야 한다.

공부 초반에는 공부할 양이 많지 않기 때문에 계획표에 적을 때는 'A과목 : 어디부터 ~ 어디까지'라고 뭉뚱그려 적는다. 일주일을 기본 단위로 하여 평일과 주말로 시간을 구분하고, 주말에는 강의 듣기 시간과 평일에 하지 못한 부분을 보충할 수 있는 보충 시간을 넣는다.

2. 공부 시간과 공부 내용에 대해 구체적으로 기록해보자.

일주일 치 공부량을 정했다면, 그것을 평일 중 공부 가능한 날로 나누어 하루의 공부량을 정한다. 그러고 나서 하루 동안 공부할 내용과 각각의 예상 소요 시간을 기록한다. 책의 목차를 보면서 전체적인 내용을 쭉 훑어보다 보면, 과목마다 예상되는 난이도가 있고, 그로 인해 습득하는 데 걸리는 시간을 가늠할 수 있다. 원래부터 잘 알고 있던 내용이 아니라면 적은 양을 공부하는 데에도 꽤 많은 시간이 들어갈 것이고, 예전에 공부하면서 수월하게 해냈던 과목이라면 생각보다 많은 양을 해낼 수도 있다. 그러니 하루의 공부 계획을 세울 때는 나의 경험을 최대한 녹여서 공부량을 정해보자. 생전 처음 보는 과목을 공부하는 데 시간을 많이 할애하려면 그나마 익숙한 과목은 조금 빨리 진행하는 식으로 시간을 배분한다.

주말 중 하루는 평일 동안 계획한 공부량 중 못 채운 부분을 보충하는 시간을 먼저 계획하고, 그다음으로 일주일 치 공부를 총복습하는 시간을 짠다. 평일에 예상치 못한 일정이 많이 생겨서 보충 시간이 생각보다 늘어났다면 복습하는 시간은 당연히 줄어든다. 그렇다 하더라도 일주일 치 공부량을 끝마치는 것에 목표를 두어 보충 계획을 먼저 실행하길 바란다. 한 번을 끝내야 복습도 가능하다.

남은 주말 하루는 강의 듣는 시간으로 하고, 하루에 정한 강의를 다 듣고 난 후에는 정성 들여서 노트를 정리하자. 노트를 정리하는 시간이 곧 복습 시간이자 계획 준비 시간이다. 노트를 정리하면서 다음 주 공부의 난이도를 예상할 수 있고, 동시에 습득에 걸리는 시간까지 가늠할 수 있으므로, 이때의 과정을 발판으로 다음 주 계획이 자연스레 세워진다.

3. '순수' 공부 시간을 정량화하자.

타이머를 이용하여 내가 공부한 시간을 잰다. A과목 공부 시간을 오후 8시~오후 10시까지 잡았다면, 자리에 앉은 시간부터 계획한 A과목을 끝내기까지 얼마의 시간이 걸리는지 재보자. 2시간이 채 안 걸릴 수도 있고, 2시간이 넘어갈 수도 있을 것이다.

공부하다가 잠깐 화장실 다녀온 시간, 중간에 커피를 마신 시간, 대화한 시간 등 휴식 시간을 전부 빼자. 이렇게 전체 공부 시간에서 순수 공부 시간을 추출하여 정량화하면, 내가 실제로 공부한 시간이 눈에 확 들어온다. 게다가 나도 모르게 낭비했던 시간까지 체크할 수 있다. 강의를 들은 시간, 수험생들과 함께 스터디한 시간은 공부 시간에 넣지 않는다.

수험 생활 초기는 배워야 할 것들이 많아서 강의 수강 시간 비율이 높을 수도 있다. 강의 시간은 공부 시간과 별도로 관리하여 나의 공부 계획에 반영한다. 색깔을 다르게 하거나 시간을 분리해서 써넣는 식으로 적어놓으면 나의 공부 상태를 보다 상세하게 진단할 수 있다. 예를 들어 총 공부를 6시간 중 2시간이 강의 시청이었다면 4+2(강의)로 기록하면 좋을 것이다.

4. 계획표의 실천 여부를 하루하루 점검해보자.

하루 계획에 대한 실천 여부를 그날그날 ○△× 3단계 또는 ◎○△× 4단계로 표시하면서 잘한 부분과 잘못한 부분, 계획을 수정해야 할 부분을 시각화해보자.

먼저, 월요일부터 토요일까지의 총 공부 시간(강의 수강 시간)을 계산한다. 그리고 내가 계획한 총 공부 시간과 실제로 공부한 시간을 비교하여 그 격차를 +와 -를 이용하여 적어놓는다. 계획보다 4시간 적게 했다면 -4hr, 계획보다 1시간 많이 했다면 +1hr로 나타내보자. 다음으로는 공부한 양을 살펴본다. 내가 계획한 공부 범위와 비교하여 완료했으면 동그라미를, 남은 상태라면 남은 범위를 적는다.

마지막으로 이렇게 나온 공부량과 공부 시간을 종합하여 적어본다. 그 주의 공부를 완료했다면 완료하는 데까지 걸린 시간을 +/=/-로, 분량이 남았다면 거기까지 하는 데 걸린 시간을 다시 +/=/-로 나타낸다.

여기에서 기준은 '공부량'이다. 시간은 어디까지나 참고 사항이다. 지금은 내가 얼마의 시간 동안 얼마큼 공부할 수 있는지 '나의 속도'를 계속 살펴보는 시간이다. 계획한 공부량을 다 완료했는데도 시간이 남았다면 공부량을 조금씩 늘려도 좋다는 것을 의미한다. 그리고 계획한 범위에 한참 못 미쳤는데 시간은 계획한 만큼 채웠다면, 양을 조금 줄이면서 시간 내에 완료할 수 있도록 계획을 세워야 한다. 이런 과정을 거치며 '나의 속도'를 찾다 보면, 공부량과 소요시간이 내가 계획한 것과 맞아 떨어지게 될 것이다.

5. 일주일간의 계획표대로 잘 해낸 나에게 보상을 주자.

공부하느라 친구와의 술 약속도, TV 시청도, 게임도 꾹 참고 지낸 일주일간의 나를 위해 소박하지만 뿌듯한 보상을 주자. (공부 흐름이 깨질 수도 있으니 너무 거창한 보상을 해서는 안 된다.) 게임 30분, TV 시청 1시간처럼 꿀맛 같은 휴식 시간을 주자.

다만 경조사나 회사 업무 연장 등으로 주말을 사용했다면 보상은 없다고 생각하는 것이 좋다. 내가 원했든 원치 않았든 공부 외의 일정으로 주말 시간을 사용했다면 그 시간이 나에게는 휴식이었으니, 이 또한 나에게 주는 보상이라고 생각하라. 공부 이외의 모든 시간은 수험생에겐 쉬는 시간이다.

<똑똑한 직장인의 How to Plan>

00월 00일 (O요일)

과목	범위(내용)	계획 시간	달성량 및 시간		성취도		비고
			양	시간	평가	가감 시간	
A	p. 10~15(□□□)	1hr	완료	1hr	◎		시작: 20:00
B	p. 10~30(△△△)	2hr	완료	2hr 20min	○	+ 20min	
C	p. 80~89(◇◇◇)	1hr	미달	30min	△	- 30min	다음날 계획 에 추가
	자투리시간 키워드 복습	출퇴근길 (30+30)		(30+10)	△	- 20min	
							종료: 24:00
합계		4hr +(1hr)		3hr 50min +(40hr)	○		
반성							

00월 00일 (주말)

| 과목 | 범위(내용) | 계획 시간 | 달성량 및 시간 | | 성취도 | | 비고 |
			양	시간	평가	가감 시간	
A	p. 16~35(□□△)	4hr	완료	4hr	◎		시작: 08:30
B	p. 31~60(◇△△)	4hr	완료	3hr	○	- 1hr	범위 늘리기
	인터넷 강의	4hr		4hr			
							종료: 21:00
합계		8hr +(4hr)		3hr+(4hr)			
반성							
※ 1주일 합계 : (4+4+4+3+0)+(12+8)=35hr, 일평균 5hr							
출퇴근 자투리시간 활용 및 인터넷 강의 : 2hr20min + 4hr							

도약 단계에서 계획 세우기

공부의 단계별로 계획 세우기를 나누는 데에는 이유가 있다. 공부를 시작할 때와 공부에 속도가 붙었을 때는 접근부터가 다르다. 처음 접하는 이론을 복습할 때는 최대한 '1회독 완료'에 목표를 두고, 공부 시간보다 개념 이해에 초점을 맞춘다. 일단 전체를 한 번이라도 보고 나서야 더 중요한 것과 덜 중요한 것, 내가 자신 있는 분야, 잘 외워지는 단원 등을 파악할 수 있다. 그와 함께 기본적인 노트 정리가 완성되면, 도약하기 위한 세팅이 끝난다. 그리고 2회독을 시작하면 이해하는 과정은 끝났다고 보고 본격적인 암기에 들어간다. 이론들을 우선순위별로 분류하여 더 중요한 것부터 더 빨리, 더 확실하게 암기하는 데 중점을 둔다. 이해와 적응의 시기였던 준비 단계를 거쳐 본격적으로 암기에 들어가는 단계이기 때문에 공부 계획도 이전과는 달라야 한다. 같은 4시간을 공부하더라도 공부량은 훨씬 많아져야 하고 시간 관리는 더 철저해야 한다.

도약 단계에서의 계획과 실행

분류: 보통 어떤 시험이든 공부해야 하는 과목은 최소 2과목 이상

이다. 평균적으로는 4과목, 많게는 6~7과목까지 공부해야 하는 시험도 있다. 과목 중에서도 시험마다 특히 더 중요한 과목이 있게 마련이고, 유난히 어려운 과목이나 암기가 잘 안 되는 과목, 나에게 익숙한 과목 등 각자의 기준에 따라 과목들이 분류된다. 그중에서 가장 먼저, 가장 많은 시간을 들여 공부해야 할 부분은, '시험에서 차지하는 비율이 가장 높은 과목'이다.

내가 공부한 기술사시험은 1차가 주관식 서술형 시험으로, 전 과목 전 범위를 통틀어 문제가 출제되었다. '과목당 몇 문제씩'이란 기준 자체가 없다 보니, 지금까지의 기출문제를 분석하여 중요도를 판별해야 했다. 그래서 학원에서 이론 강의와 동시에 그 이론의 중요도를 알려주면, 그중에서도 더 중요한 이론을 별표 개수로 다시 한번 분류하여 우선순위를 매겼고, 서브 노트를 정리할 때도 중요도를 함께 표시했다. 이렇게 해두면 공부할 때 중요한 내용부터 우선적으로 공부할 수 있어 시간을 효율적으로 사용할 수 있었고, 내용을 보완하는 과정에서 중요한 이론은 저절로 여러 번 공부할 수 있었다.

하지만 과목마다 똑같이 40점의 과락점수가 있고 평균 60점 이상이면 합격하는 객관식 시험이라면 다른 전략이 필요하다. 이때는 자신 있는 과목과 자신 없는 과목으로 나눠야 한다. 어렵거나 쉬운 과목에 상관없이 똑같은 점수가 배분되는 시험이라면, 잘하는 과목을 집중적으로 공부하여 점수를 더 얻고, 못하는 과목은 좀 여유 있게 공부하여 최종적인 합격 점수를 만들어 낼 계획을 세운다.

주관식 시험이라면 출제 가능성이 가장 높은 순서대로, 객관식 시험이라면 가장 자신 있는 과목 순서대로 시험 과목을 분류해보자.

배치: 객관식과 주관식 시험별로 과목에 대한 우선순위를 분류했다면, 다음으로는 과목별로 공부계획을 세워보자.

먼저 평일에 공부할 양을 정한다. 이 시기 또한 준비 단계와 마찬가지로 일주일씩 계획을 세우고 이행하면서 나의 적정 공부량을 알아가야 하는데, 차이가 있다면 기본적인 공부량을 준비 단계 시기의 1.5배에서 시작해야 한다는 것이다. 낯선 개념을 이해하고 받아들이는 과정은 끝났다고 보고 이제는 더 많이 외울 일만 남았다. 노트를 정리하는 시간이나 처음 보는 이론을 이해하는데 사용했던 시간을 모두 암기하는 데 쓸 수 있으니, 준비 단계보다 공부량이 늘어나는 것은 당연하다. 과목이나 챕터에 따라 자신 있는 부분들이 생기다 보면, 많게는 준비 단계의 3배까지도 공부량이 늘어날 수 있다.

기본 공부 시간은 여전히 평일은 하루에 4시간, 주말은 오전/오후/저녁 각 4시간씩, 하루에 총 12시간이다(여기서 말하는 시간은 직장인이 만들 수 있는 '최대' 공부 시간을 뜻한다). 월요일부터 금요일까지 최소 한 번은 저녁 약속이 있다고 보고, 아예 처음부터 평일 공부 시간을 4일(회식이나 업무로 인한 저녁 약속이 자주 있는 회사라면 3일로 잡아도 좋다)로 잡을 수도 있다.

공부해야 할 내용을 배치할 때에는, 평일엔 4시간 안에 끝낼 수 있는 과목과 이론들을, 주말에는 긴 시간이 걸려야 암기가 가능한 과목들을 우선적으로 배치한다. 암기하기 어려운 이론을 평일 4시간 안에 다 외워보겠다고 했다가 계획한 만큼 다 못 끝내게 되면, 다음 날 공부를 시작할 때 그 이론의 처음 부분이나 그것과 연관된 큰 범주의 이론 부분부터 다시 공부를 시작해야 한다. 과년도 문제 풀이처럼 각 문제가 독립적이어서 어디서 끊든 상관없는 공부가 아니라면, 한 단원, 최소한 하나의 이론 설명과 그 활용까지는 묶어서 공부할 수 있도록 계획을 세우기 바란다. 그래야 흐름이 끊기지 않아 암기도 수월하다.

계획의 목표

계획을 세워 공부할 때는 그 내용이 무엇이든 간에 무조건 '완료'를 목표로 두어야 한다. 그래야만 다음 단계로 넘어갈 수가 있기 때문이다. 준비 단계에서 '1회독 완료'를 목표로 한 것도, 그렇게 해놔

야만 도약 단계로 올라와 2, 3회독 복습이 가능하기 때문이었다. 그리고 우선순위에 따라 공부 계획을 세워서 그에 맞게 공부하려고 마음먹었다면, 다른 유혹에 내 시간을 내어줘선 안 된다. '오늘은 너무 피곤하니까', '중요한 약속이 있어서'와 같은 핑계들을 항상 경계해야 한다. 공부는 정신이 맑을 때나 피곤할 때나 한결같이 하는 것이다. 있던 약속도 취소하면서 공부해야 할 시기에 약속을 이유로 공부를 미루면 나의 합격도 저만치 멀어져간다.

도약 단계에서의 계획은 '같은 시간 안에 더 많이' 공부하는 것이 포인트다. 전업 수험생이 아니라면 만들 수 있는 시간은 한정되어 있으니, 공부를 더 많이 하기 위해서는 효율을 높이는 수밖에 없다. 그 효율은 전체적인 개념을 이해한 1회독이 끝나고, 2회독에 들어선 후에야 조금씩 올라간다. 스스로의 힘을 믿고, 시간의 힘을 믿으면서 매일매일 책상 앞에 앉아보자. 점점 공부량이 늘어나는 경험을 하게 될 것이다.

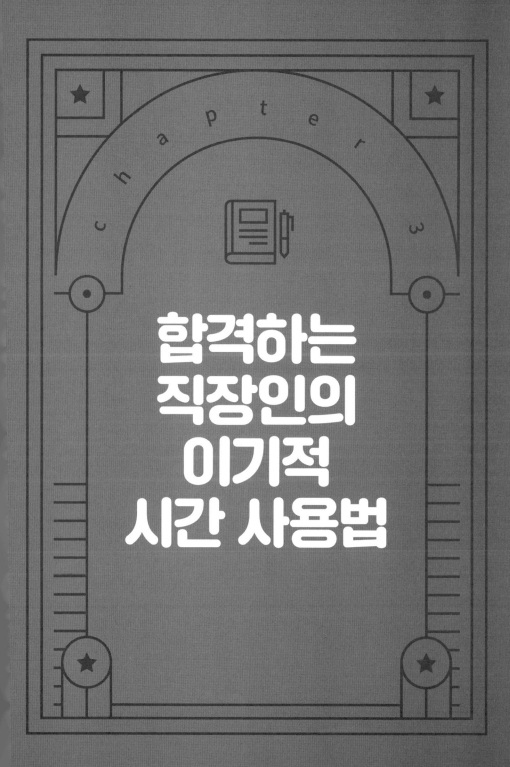

c h a p t e r

3

합격하는
직장인의
이기적
시간 사용법

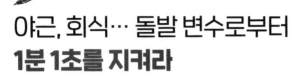

야근, 회식… 돌발 변수로부터
1분 1초를 지켜라

공부할 때는 전략적 이기심이 필요하다

공부하기로 마음먹었다면, 적어도 공부하는 동안만큼은 조금 이기적일 필요가 있다. 이기적으로 나만 생각하면서 공부 시간을 만들고 휴식 시간을 만들어야 한다. 여기서 '이기적'이란 말의 뜻은 내 시간의 주인공은 '나'임을 인지하고 '나'를 먼저 생각하면서 '나'를 위해 시간을 활용하길 바라는 뜻이다. 성격 유형이나 인간의 특성에서 말하는 것과는 조금 다르다. (결과적으로 이기적인 사람으로 보일지라도 수험 기간이 끝나면 한순간에 되돌릴 수 있는 부분이니 너무 두려워하지 말라. 게다가 생각보다 사람들은 나에게 관심이 없다. 그러니 나만을 위해 산다고 하여 두려워할 필요는 없다.)

퇴근 이후의 시간이나 주말을 오롯이 나를 위해, 내 공부를 위해 사용해야 함을 일컫는 말이다.

예를 들어, 평일 저녁 공부 시간을 확보하기 위해 동료의 초대를 거절하는 것, 한 달에 한 번 있던 동호회 모임에 당분간 발길을 끊는 것, 주말마다 가던 쇼핑을 2주에 한 번으로 줄이고 기혼자라면 배우자와 역할 분담을 통해 집안일을 나누면서 완료 후에는 나만의 시간을 허락받는 것 등이다. 업무 이외의 시간을 계획할 때 항상 공부를 우선순위로 두고 나의 행동반경도 그에 맞춰 계획함을 뜻한다. 기혼자에게는 배우자와의 협의가 가장 필요한 부분이기도 하다.

돌발 상황에 현명하게 대처하기

내 공부를 먼저 생각한다고 해도 돌발 상황은 언제든 발생하고 직장에서나 집에서나 내가 해야 할 일들은 끊임없이 생기게 마련이다. 특히나 직장인들에게 있어 우선순위는 일이기 때문에 업무와 관련 있는 일정이라면 공부가 우선순위에서 밀릴 가능성은 언제나 있다.

가정에서도 마찬가지다. 갑자기 아이가 아프다고 어린이집에서 연락이 온다든지, 맞벌이하는 배우자에게 갑작스러운 야근 일정이 생겨 그 빈자리를 채울 사람이 나밖에 없을 때면 공부는 당연히 뒤로 밀릴 수밖에 없다. 이런 때는 앞뒤 상황 재지 말고 무조건 하되, 그로 인해 줄어든 나의 공부 시간을 다른 데서 보충할 방법을 찾도록 노력한다. 이기적이라는 말의 뜻은, 내 역할이 너무나 필요한 상황에서까지 나만 생각하라는 말이 아니다. 내가 만들 수 있는 개인 시간을 최대한 만들고, 그때만큼은 다른 것을 신경 쓰지 말고 '내 공부'를 위해 사용하라는 뜻이다.

가족도 돌보지 않고 중요한 업무도 무시하면서 공부를 하라는 뜻이 아니다. 항상 의식적으로 '공부'라는 두 글자를 머릿속에 담아놓고 있으면 돌발 상황에서도 스케줄을 조정할 여유가 생기고 공부할 틈이 보인다. 직장인 수험생에게 시간 관리는 일하는 시간을 제외한 나머지 모든 시간에 해당된다. 그 안에 공부도 휴식도, 경조사나 스터디모임도 전부 계획적으로 넣어야 겨우 공부가 내 생활에 자리 잡는다.

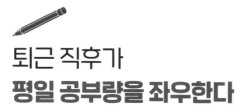

퇴근 직후가
평일 공부량을 좌우한다

평일: 공부에 대한 의욕이 가장 활발한 때

누구나 처음 공부를 시작할 때는 의욕이 넘친다. 그래서 평일 업무시간 중에도 잠깐이라도 여유가 생긴다 싶으면 공부하고 싶은 마음이 들기도 한다. 게다가 뭐든 할 수 있을 것 같은 자신감 또한 넘쳐서 이럴 때 빨리 하나라도 더 보면 금방 합격할 것 같고 그 명석함에 남들의 부러움을 한 몸에 받을 것 같다.

그러나 일과 공부는 철저히 분리하는 게 좋다. 당연한 얘기지만, 일하는 시긴에는 일에 골두하고, 퇴근 후에는 공부에만 집중해야 가장 효율이 좋다. 일과 공부를 섞어서 좋을 건 없다. 특히 공부를 이제 막 시작한 지금 시기에는 더더욱 그럴 만한 이유가 있다.

공부 초기 단계에서는 시간을 들여 집중해야 할 낯선 이론들이 많고, 그렇다 보니 이해하는 데 많은 시간을 할애하게 된다. 내가 원래부터 잘 알고 있던 내용이 아니라면 자투리 시간에 잠깐 본다고 해도 배운 내용이 금방 머릿속에 들어오지 않는다. 이해하는 과정 없이 무작정 암기하고 넘어가게 되면, 나중에 문제 풀이 부분에서 수시로 막히는 걸 경험하면서 결국은 원리를 공부하기 위해 다시 앞부분을 들춰보게 된다.

수험기간이 촉박하여 1회독밖에 할 시간이 없다면 이해도에 상관없이 일단 외우라고 하겠지만, 그게 아니라면 항상 이해가 먼저다. 그러니 최대한 시간을 여유 있게 잡은 상태에서 공부하도록 하자. 괜히 욕심을 부려 업무 시간에도 공부하려다가는 일 또한 맥이 끊겨 이도 저도 안 될 가능성이 크다. 정신적으로 피곤해지기만 하고 그러다 누군가가 보기라도 하면 회사에서 내 이미지만 안 좋아진다.

따라서 평일의 공부 시간은 퇴근 후 최대한 뭉치 시간을 만드는 데 집중한다. 공부량으로 보나 공부 특성으로 보나, 아직 자투리 시간을 알차게 사용할 만한 시기는 아니므로, 집중이 잘 안되더라도 긴 시간 의자에 앉아서 책을 잡고 있는 시간을 만드는 것이 가장 중요하다. 그러기 위해 가장 먼저 해야 할 일은, 퇴근 후의 모든 시간을 공부시간으로 못 박아 두는 것이다.

7시에 퇴근한다면, 7시부터 잠들기 전까지 모든 시간이 공부 시간이다. 집까지 이동하는 시간과 저녁 식사 시간은 휴식 시간으로 간주한다. 꼭 정각에 맞춰 공부를 시작할 필요도 없다. 물론 계획은 예상하기 편하게 정각을 기준으로 세우겠지만, 퇴근하는 시간이나 퇴근 시의 교통 상황, 저녁 식사 시간에 따라 예상 시간이 조금씩 달라질 수 있으므로 공부 시간도 그에 맞춘다.

7시 35분에 독서실에 도착했다면 굳이 정각에 맞추기 위해 다른 일을 하다가 8시부터 공부를 할 필요가 없다. 그냥 독서실에 도착한 순간부터 공부하면 된다. 공부는 '정해진 시간'에 하는 것이 아니라, '지금' 당장 하는 것이다. 퇴근이 늦어져 8시가 넘어서야 집에 도착했다면, 앞뒤 잴 것 없이 식사 후 바로 공부를 시작하라. '밥 먹었으니 소화를 시킬 겸 5분만 바람 쐬고 공부해야지!'라고 생각하지도 마라. 전업 수험생들은 당신이 일하는 시간에도 계속 공부를 했다. 어떻게 하면 더 쉴 수 있을지를 생각하지 말고, 퇴근 후 1분 1초를 아낀다는 마음으로 공부하라. 그래도 시간은 부족하다.

흔히들 우스갯소리로, 직장인들이 하루 중 가장 활기찰 때는 '퇴근할 때'라는 말을 한다. 그만큼 퇴근은 그 자체로 직장인들에게 활력소다. 이런 활력소는 놀 때뿐만 아니라 공부하는 데도 아주 좋은 영향을 준다. 퇴근 후에 공부해야 하는 일정이라고 하여 퇴근 후가 싫어지는 사람은 없다. 오히려 다른 사람들이 일하고, 술 마시고, TV를 보면서 쉴 때, 나는 자기계발을 위해 공부하고 있다는 사실은 어떤 특별함마저 느끼게 해준다. 이런 시간들이 분명 나를 더 빛나게 해줄 것이라 믿으면서 열심히 공부해보자.

주말: 공부 시간을 반드시 사수해야 한다

직장인 수험생에게 주말은 어떤 일이 있어도 반드시 사수해야 하는 시간이다. 주말에는 평일에 제대로 공부하지 못한 부분을 보충할 수 있는 시간이다. 여유 있는 시간을 이용해 다른 자료들을 찾아가며 확실하게 이해할 수도 있다. 또한 부족하다고 생각하는 부분을 한 번 더 볼 수 있는 복습 시간까지 계획할 수 있기 때문에 공부에 완성도를 높일 수 있는 '기회의 시간'이다. 수면 시간과 식사 시간을 제외하면 아침부터 밤까지 공부 시간으로 쓸 수 있으니, 갑작스러운 일정들로 인해 틀어진 평일 공부 계획도 주말을 거치면 완벽하게 완성할 수 있다.

주말 하루를 통째로 사용한다고 했을 때, 전체를 크게 '오전-오후-저녁'의 세 타임으로 구분하고 각 구간의 최대 공부 시간은 4시간으로 잡는다. 오전에서 오후로, 오후에서 저녁으로 이어지는 브릿지 bridge에는 식사 시간을 30분가량 넣고, 구간마다 약 10분간의 휴식 시간을 예상하면 주말 하루 동안 공부할 수 있는 시간은 최대 10시 간 30분이 된다.

보통, 하루 10시간 이상의 공부 계획은 전업수험생이나 학생들만 만들 수 있는 계획이다. 평일/주말 할 것 없이 온종일 공부에 매달릴 수 있는 사람들이 계획을 세울 때 10시간에서 14시간을 목표로 잡는 다. 하지만 직장인들에게 '평일 공부 시간 10시간'은 그림의 떡이다. 하루 중 잠자고 일하는 시간만 빼더라도 9시간(24-7-8=9)밖에 남지 않 는다. 거기에 출퇴근에 소요되는 이동 시간, 야근 시간, 업무로 인해 생겨난 각종 일정을 제외하다 보면 평일에 만들 수 있는 공부 시간은 많아야 4~5시간이다. 그마저도 공부 초반엔 낮은 효율로 인해 온전 히 공부에 집중하기 힘들기 때문에 결국 평일에 공부할 수 있는 시간 은 많아야 3~4시간이라는 결론이 나온다.

하지만 주말은 다르다. 주말은 당신도 학생들처럼, 전문수험생처 럼 하루를 몽땅 공부하는 데 쏟을 수 있다. 공식적인 회사 일정이나 각종 경조사에 주말 시간 일부를 사용하는 날을 제외하면, 하루를 통 째로 공부에 사용할 수 있는 귀한 시간이다. 가능하면 시험 전 맞이 하는 대부분의 주말을 공부하는 시간으로 사용하길 바라지만, 일정상 그게 힘들다면 한 달에 한두 번만이라도 해보길 바란다. 주말에 만들 수 있는 공부 시간에 비하면 평일 공부 시간은 자투리 시간처럼 느껴질 정도로, 주말 공부 시간이 주는 힘은 대단하다. 월/화/수 3일 동안 약속도 안 잡고 열심히 공부하면 만들 수 있는 최대 공부 시간이 12시간인 데 비해, 주말에는 이만큼의 공부 시간이 단 하루에 만들어진다. 월요일부터 금요일까지의 절대 공부 시간과 주말 이틀간의 공부 시간을 비교해보면, 주말의 가치가 공부하는 직장인에게 얼마나 중요한지 바로 와 닿을 것이다.

우리가 여행 계획을 세울 때 보통의 주말 여행과 일주일의 휴가 일정이 다르듯, 공부계획을 세울 때도 평일과 주말은 다르다. 시간의 압박으로 공부량 자체가 적을 수밖에 없는 평일에 비해 주말은 노트 정리/복습/강의 듣기/자료 찾기 등 다양한 계획들을 전부 담아볼 수 있다.

수험생이라면, '주말=공부 많이 하는 날'이라는 생각을 항상 머릿속에 담아둬야 한다. 다른 일정도 그런 상태에서 소화해야 다시 책상 앞에 앉기 수월하다. 주말이라고 정신없이 쉬다 보면 어느새 몸이 늘어지고 더 쉬고 싶은 마음만 가득해진다. 그러니 쉴 때도 수험생임을 잊지 말고 쉬자. 멀리 가버리면 다시 돌아와 책상에 앉기 힘들어진다.

그러니 명심하자. 주말 하루의 공부 시간은 당신이 그토록 채우고자 했던 평일 5일과 같다는 것을.

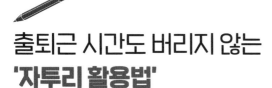

출퇴근 시간도 버리지 않는
'자투리 활용법'

2회차 복습에 들어선 순간부터는 공부를 조금 더 충실하게 하기 위해 시간을 모을 필요가 있다. 낯선 이론을 이해하는 과정과 노트 정리에 쏟는 시간이 빠진 상태에서 전체 이론을 처음부터 다시 보기 시작하는 시간이므로, 4시간의 뭉치 시간이나 30분의 자투리 시간 모두 알뜰하게 활용할 수 있다고 본다. 복습 3, 4회차에 들어갈수록 시간당 소화할 수 있는 공부량이 많아지면, 자투리 시간 30분은 평일 4시간의 효율을 가져오기도 한다. 따라서 도약 단계에서 우리가 중점적으로 생각할 시간 관리는 '자투리 시간'이라고 봐도 좋다.

chapter 3

평일 자투리 시간 활용하기

준비 단계에서 우리는 이론을 처음부터 끝까지 1회독을 했고, 많은 시간을 투자해 자기만의 서브 노트를 만들었다. 아직 무엇을 확실하게 안다고 말할 수는 없지만, 중요한 것과 덜 중요한 것, 이해가 더 필요한 부분과 공부하기 수월한 것 정도는 파악이 된 상태다. 따라서 뭉치 시간에 공부할 것과 자투리 시간에 공부할 것들을 자연스럽게 분류할 수 있다고 판단되므로, 이제야 자투리 시간을 잘 활용할 수 있는 시기가 왔다.

직장인들의 자투리 시간이라면, 출/퇴근 이동시간, 점심 식사 후 나머지 시간, 아침/저녁 식사 시간 정도이다. 이런 자투리 시간은 만들 수 있는 시간이 한정되어 있고, 잠깐만 한눈팔아도 혹 지나가버리는 시간이라서 특히 더 집중력을 요하는 시간이기도 하다.

'아침 식사–출근–점심 식사–퇴근–저녁 식사'로 이어지는 마디마다 10분씩만 공부한다고 해도, 하루에 40분의 시간이 생긴다(저녁 식사 후엔 바로 독서실이나 공부방으로 이동하므로 자투리시간 활용에는 넣지 않았다). 각각 10분은 그냥 흘려보내면 연기처럼 없어져버리는 시간이지만 이 작은 시간들을 모으면 40분이라는 뭉치 시간을 공부에 활용할 수 있는 것이다. 직장인이 퇴근 후에 공부할 수 있는 시간은 최대 4시간, 그것조차 매일은 아니다. 이런저런 사유로 공부를 전혀 못 하는 날도 생기는데, 이럴 때 자투리 시간으로 만든 공부 시간 40분은 당연히 황금 같은 시간일 수밖에 없다. 하루 공부 시간으로 4시간을 계획했을 때 자투리 시간을 이용하여 40분을 공부했다면, 퇴근 후 남은 공부 시간은 3시간 20분이다. 이것만으로도 훨씬 마음이 가벼워질 것이다.

자투리 시간을 만들었다면, 그 시간에 공부하기 좋은 것들을 따로 분류해보자. 겨우 10분 정도의 짧은 자투리 시간은 책과 노트를 오가며 제대로 공부하기에는 적합하지 않다. 특히 직장인의 경우 출퇴근 시간에 자투리 시간을 내야 하는 경우가 많기 때문에 더욱 그렇다. 그렇다면 어떻게 공부하는 것이 효율적일까? 자투리 시간에는 짧게 요약되어 있는 핵심 노트를 다시 살펴보거나 연관성 없이 나열된 것들을 무작정 외워야 하는 단순 암기, 마인드맵처럼 중심 단어를 이용하여 꼬리에 꼬리를 물고 내용을 떠올리는 것만으로 전체를 훑는 식의 공부를 하는 것이 좋다.

먼저, 핵심 노트를 활용하여 공부하는 방법을 살펴보자. 서브 노트를 만든 것도 모자라 핵심 노트까지 따로 만들라고 하는 건 아니다. '핵심 노트'는 기존에 구입한 개념서의 '요약서'일 수도 있고, 내가 만든 서브 노트 자체가 될 수도 있다. 혹은 전날 얼마나 암기했는지 확인하기 위해 목차들만 따로 적어놓은 종이 한 장이 될 수도 있다.

다음은 연관성 없이 나열된 것들을 외우는 단순암기이다. 영어 단어처럼 단순한 암기는 자세 잡고 앉아서 공부할 때보다 자투리 시간을 활용할 때 더 능률이 올라간다. 10분이라는 짧은 시간 안에 최대한 많이 외우려다 보면 나도 모르는 새 시간이 압박으로 다가온다. 이처럼 시간이 한정되어 있으면 그 시간 동안 어떻게든 많이 외우려 노력하게 되고, 일정한 양을 암기하기로 정한 뒤 그 시간 안에 해낼 수도 있다. 하나를 끝냈다는 성취감은 보너스다.

마인드맵 또한 출퇴근 이동 시간에 사용하기 아주 좋은 공부법이다. 마인드맵이란 중심 단어를 가운데 놓고 그와 관련된 이론들을 핵심어나 이미지를 이용하여 전개해 나가는 정리법을 말하는 것으로, 전날 공부한 내용을 머릿속에서 떠올릴 때 사용하면 전체적인 내용을 간편하면서도 체계적으로 복습할 수 있다. (마인드맵에 대해서는 챕터 4〈문제의 핵심을 뽑아내라: 내용 단순화〉에서 자세히 다루고 있다.) 조각조각 떠도는 단어들을 하나로 엮어 기억할 수 있으므로 암기가 쉽고 기억이 오래간다. 이를 위해 아예 처음부터 마인드맵 방식으로 노트를 정리해두는 것도 좋은 방법이다.

특히 내용이 복잡하거나 범위가 방대한 것일수록 마인드맵 정리가 암기에 효과적이다. 이런 부분들을 마인드맵으로 정리해 두면,

자투리 시간에 요긴하게 사용할 수 있다. 그러면 마인드맵을 만들면서 한 번, 출퇴근 시에 버스 안에서 한 번, 점심 식사 후 한 번, 총 네 번 암기를 하게 되는 셈이다. 따로 노트를 꺼낼 필요 없이 복습할 수 있다는 장점까지 있으니 알차게 활용하길 바란다.

부족한 시간은
돈으로 사라

휴가: 휴가는 크게 유급 휴가와 무급 휴가로 나뉘는데, 보통의 직장인들은 무급 휴가조차 다 쓰지 못하고 한 해를 보낸다. 직장 상사의 눈치를 살피고 동료들과 일정을 맞춰야 하는 한국의 업무 환경 탓도 있고, 해야 할 일이 많아서 자의로 휴가를 쓰지 않는 경우도 있을 것이다. 이렇게 매번 남아도는 휴가를 공부를 하기 위해서 과감히 써보라고 얘기하고 싶다.

평소와 달리 시험일이 얼마 남지 않았을 때는 시험 '직전'이라는 시기적 특수성 때문에 시간이 촉박하게 느껴질 때가 많다. 이미 몇 번씩이나 본 것을 다시 보는 것이라서 삼삼 훑어보고 지나쳐려가노, 왠지 모를 불안감이 엄습하여 결국은 다시 처음부터 암기할 것처럼 꼼꼼하게 살펴보게 된다. 더욱이 시험에 몇 번 떨어져 본 경험이 있는 사람이라면 더 완벽하게 공부해야 한다는 생각에 많은 시간을 투자하게 될 것이다. 이런 때 휴가를 써보는 것이다. 이제 막 공부하기 시작해서 뭘 모를 때가 아니라 진짜 공부 시간이 늘어나고 성적이 도약 단계를 지나 고득점 단계에 있을 때, 거기다 시험은 다가왔고 시간은 촉박할 때 휴가를 사용해보자. 귀하게 얻은 시간이니만큼 함부로 쓸 수 없다는 생각이 들면서 공부 효율은 저절로 올라간다.

육아/집안일: 지금까지 내 공부 시간을 마련하기 위해 배우자 또는 가족과 함께 집안일을 나누고 육아도 일정 부분 담당해 왔다면, 합격을 코앞에 둔 이때만큼은 육아도 집안일도 다른 사람의 도움을 받기를 권한다. 이미 도우미를 고용한 상태라면 시간을 더 늘려보고, 가족끼리 어떻게든 꾸려온 상태라면 도우미를 새로 고용하여 부담을 덜길 바란다. 이는 공부하려는 나뿐만 아니라 내 가족을 위한 것이기도 하다. 설령 도우미를 고용하는데 한 사람분의 월급 중 절반이 들어간다 해도, 지금은 그 돈을 쓰는 게 맞다. 이것은 낭비가 아니라 투자이기 때문이다. 나는 물론 가족이 집안일에 부담을 갖지 않을 수 있고, 집안일을 가족에게 미뤄서 미안한 마음을 가지는 일 없이 편안한 마음으로 공부에 전념할 수 있다. 돈을 써서 나의 가족이 내 빈자리에 대한 공백을 덜 느낄 수 있다면 그 돈은 쓸 만한 가치가 있다.

도우미를 고용하는 것이 부담스럽다면 일손을 덜어줄 가전제품을 구매하는 것도 한 가지 방법이 될 수 있다. 식기세척기를 구입하여 설거지에 대한 부담을 덜 수 있고, 건조기로 빨래를 말리는 시간을 절약할 수 있다. 또한 의류 관리기를 사용하면 다림질이나 옷 냄새 등 옷 관리를 편히 할 수 있다. 요즘은 아이를 위한 영상기기라든가 AI가전, 각종 스마트 펜 등 편리한 도구들이 많이 나와 있어서 가정학습을 도와주기도 한다. 물론 손 하나 까딱 안 하고 전자동이길 기대할 수는 없겠지만, 그것만으로도 일손이 훨씬 줄어들 수 있으니 가능하면 적극적으로 활용하길 바란다.

'저런 데 돈을 쓰느니 내가 직접 하고 말지'라고 생각하는 분들도 분명 있을 것이다. 많은 부분에서는 그 말이 맞다. 하지만 당신이 시험을 앞두고 있다면 조금 달리 생각해봐야 한다. 내가 다 할 수 있는 일이 아니라면, 내 가족에게도 강요하면 안 된다. 힘들어도 돈 드는 것보다 낫다고 생각하지 말라. 몸과 마음이 축나는 것보다 돈이 드는 게 미래를 위해 훨씬 나은 선택임을 머지않아 알게 될 것이다. 나중에 후회하지 말고, 지금 선택하라.

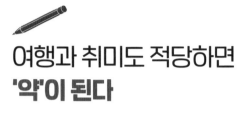

여행과 취미도 적당하면
'약'이 된다

 기본적으로 수험 기간만큼은 취미 활동을 자제하는 것이 바람직하다. 최소한 공부 계획보다는 우선순위에서 밀려야 하고, 어쩌다일정을 잡더라도 할 일을 다 끝낸 후 나에게 주는 '보상'의 의미가 되어야 한다. 취미생활이란 건 내 의지로, 내가 활동하고 싶을 때 하게되는 것이므로 잠시 멈추는 것도 내가 정할 수 있다.

 수험 기간에 취미생활을 자제해야 하는 가장 큰 이유는 역시나'시간'이다. 취미생활에는 대개 4시간 이상의 긴 시간을 필요로 하고,길게는 캠핑처럼 하루 또는 이틀이 걸리기도 한다(1시간 이내로 짧게 끝나고 아주 가끔 있는 취미생활이라면 고민할 필요도 없다). 게다가 이런 취미생활이 대부분 주말에 이루어지다 보니, 직장인에게는 황금 같은 주말 공부 시간이 취미생활로 인해 다 날아가 버릴 수 있다.

가끔은 '평일에 계획한 공부를 다 끝내면, 주말에는 취미생활을 해도 되지 않을까?'라고 생각할지도 모른다. 그런데 그건 정말 모르는 소리다. 주말 하루를 취미생활에 쓰기 위해서는 주말 공부 시간 (앞에서 12시간으로 잡았다)을 평일로 당겨 미리 공부해놓는 식이어야 가능하다.

공부 계획을 일주일로 잡은 이유는 평일에 부족한 공부 시간과 미뤄진 공부의 진도를 주말에 보충하여 마무리하기 위함이 가장 크다. 그런데 가장 많은 시간을 차지하는 주말 시간을 취미생활을 하는 데 써버리면 일주일의 공부 계획이 틀어지게 된다. 처음 세운 공부 계획을 차질 없이 완료하기 위해서는 취미생활에 사용할 시간을 다른 날로 당기거나 미루어 공부 시간을 다시 계획해야 하고, 그렇게 되면 당연히 평일 공부 시간이 늘어날 수밖에 없다.

따라서 평일 중 회식 등의 이유로 하루를 뺀 나머지 4일을 공부할 수 있는 날로 잡고, 12시간을 4일로 나누면, 하루에 3시간이다. 즉 평일 공부 시간을 최대 4시간으로 잡은 상태에서 3시간을 더하여, 하루에 7시간을 공부해야 한다는 계산이 나온다. 그럴 수 있는가? 직장인이 평일 저녁 6시에 정확히 퇴근해서 저녁을 먹고 바로 책상에 앉아서 잠들기 전까지 7시간 동안 공부할 수 있다고 생각하는가?

택도 없다. 단, 수험 기간 동안의 취미생활을 두 경우로 나누어 생각해 볼 수는 있다.

단기 시험과 취미생활: 잠시만 안녕

먼저, 6개월 내로 승부가 결정되는 단기 시험의 경우이다. 이 경우, 처음에는 3개월 이내를 예상 수험 기간으로 잡았을 가능성이 크다. 한 번의 불합격을 경험한다고 가정하고 3개월의 연장된 기간을 추가하면, 최대 6개월까지를 단기 시험 기간으로 본다. 이 기간에 취미생활을 한마디로 표현하자면, '잠시만 안녕!'이다. 종류가 무엇이 되었든 누구와 하는 활동이냐에 상관없이 이 시기에는 모든 취미생활을 잠시 접어둔다. 나는 취미생활을 이어가면서 공부도 잘할 수 있다고 생각한다면, 그건 착각이다. 공부를 '적당히' 하는 것을 잘한다고 착각하는 것이다. 적당히 해도 되는 공부란 이 세상에 없다. 만약 "아닌데? 난 되던데?" 하는 사람이 있다면 그건 기존에 잘 알고 있던 지식이 바탕이 되어 좋은 결과를 얻었을 가능성이 크다.

6개월 동안 취미생활과 담을 쌓는다고 해도, 내 취미는 나와 영영 멀어지지 않는다. 실력이 크게 줄지도 않는다. 그러니 시험에 합격하고자 하는 의지가 있다면 취미와는 '잠시만 안녕' 하자.

장기 시험과 취미생활: 4분의 1 축약형

　다음은 최소 6개월부터 약 3년 동안의 긴 수험 기간이 예상되는 장기 시험 계획이다. (3년 이상은 특수한 경우로 봐서 여기서 따로 언급하진 않겠으나, 취미생활 부분은 장기 시험 계획과 유사하다고 보면 된다.) 이 경우에는 취미생활을 적절히 활용할 필요가 있다. 길어지는 수험 기간 동안 수험생이 가장 힘들어하는 부분은 체력과 집중력 그리고 끝이 보이지 않는다는 불안감이 가장 큰데, 잠깐의 취미생활은 스트레스 해소에 일정 부분 도움을 주어 결과적으로 전체적인 수험 생활에도 긍정적인 영향을 끼칠 수 있다. 스포츠 활동이나 악기연주, 음악/미술 감상 등 다양한 취미활동은 우리에게 새로운 에너지를 공급해주어 다시 공부해 나갈 힘을 줄 수 있다.

　그러나 이 경우에도 시간적인 제약은 필요하다. 공부로 쌓인 스트레스를 풀자고 주말 하루를 몽땅 취미생활에 쏟을 수는 없다. 취미 활동에 쏟는 시간은 최대 4시간까지가 바람직하다. 그래서 주말 공부 시간을 오전/오후/저녁 4시간씩 총 12시간으로 잡았을 때, 취미 활동을 하고도 8시간의 공부 시간은 확보할 수 있어야 한다. 활동 빈도 또한 평소의 4분의 1로 줄여야 한다. 매달 해왔던 활동이라면 네 달에 한 번으로, 매주 해왔던 활동이라면 한 달에 한 번으로 줄이자.

항상 취미 활동은 공부 계획보다 우선순위에서 밀려야 한다. 오로지 스트레스 해소와 체력 증진에 목표를 두고, 취미활동도 공부에 도움 되는 방향으로 활용해보자.

나의 취미생활

한창 공부에 바빴던 신입사원 시절부터 지금까지, 나의 취미생활은 노래다. 학부 시절에 몸담았던 동아리 활동(락 밴드)을 시작으로 대학원 시절이나 취업해서까지, 마치 운명처럼 내 옆엔 항상 밴드가 있었다. 밴드 활동이라는 건 혼자만의 노력으로 할 수 있는 게 아니다. 각 파트별로 사람이 모이고 그들의 음악 취향이 맞아야 하며, 서로 적당한 선에서 밴드에 대한 애정이 유지되어야 그 팀이 이어진다. 이런 의미에서만 봐도 나의 사내 밴드 활동은 정말로 감사한 일이 아닐 수 없었다.

신입사원 오리엔테이션에서 밴드 리더의 눈에 들어 시작하게 된 사내밴드 활동은, 기술사공부를 시작하고 박사학위까지 준비하던 모든 시절을 통틀어 나의 단 하나의 취미생활이 되어주었다. 일반적인 취미생활과 다른 점이 있다면 '회사와 관련된' 취미생활이었다는 것이다. 혹자는 이걸 취미생활로 볼 수 있나 싶겠지만 내 입장은 달랐다. '공식적인 일을 즐기면서 할 수 있는' 나는 행복한 취미를 가진 사람이었다.

당시 밴드 활동은 사내 체육행사, 신입사원 오리엔테이션 공연, 회사를 대표하여 참가하는 외부 초청행사, 지역 축제 참가 등이었는데, 대부분의 무대가 회사의 이름을 걸고 참가하는 공식적인 자리였던지라 그 무게감이 남달랐다. 당연히 나에겐 일 다음으로 중요한 활동이었다. 가끔 외부 초청행사 같은 경우에는 가족과 함께하는 경우도 있어서 자연스레 가족여행의 느낌도 가질 수 있었다. 이런 밴드 활동은 평균적으로 일 년에 세 번, 적을 땐 일 년에 한 번 정도였기에 일이나 공부에 방해가 되지도 않았다. 구성원 모두 근무 지역이 달랐기 때문에 합주를 위해 따로 모이지도 않았고 그럴 시간도 없었다. 각자 연습하고 공연 날 일찍 만나 맞춰보는 게 전부였다.

그런데 이런 밴드 활동이 나에게 주는 활력은 대단했다. 가뜩이나 '회사-집-공부'로 이어지는 단조로운 생활 속에서 옆도 돌아보지 않고 생활해오던 나에게, 이 한 번의 공연은 '리프레쉬refresh' 그 자체였다. 공연을 다녀온 뒤에는 신나게 놀고 왔다는 기분에 아쉬움이 없었고, 공연에 쏟은 시간만큼 공부를 못했다는 생각이 들면서 이후 시간에는 공부에 더 집중할 수 있었다. 활동 초반에는 사내 밴드 활동도 기술사 공부도 전부 처음이라 둘을 균형 있게 조절해나가는 게 말처럼 쉽지 않았다. 하지만 연차가 쌓일수록 밴드 활동에 익숙해져 갔고, 수험 기간이 길어짐에 따라 나만의 공부법을 찾아가면서, 시간 활용 또한 더욱 능숙해졌다.

공연 날짜가 잡히면 한 달 전부터 주말 공부 계획에 휴식 시간을 없앴고, 공연으로 인한 공부 공백을 메우기 위해 평일 공부 시간에 더 집중해서 공부했다. 공연 전까지 그 주에 해야 할 복습을 다 끝내 놓고, 공연 날 이동하는 차 안에서 볼 자료들을 따로 분류해놨으며, 공연 시작 전 자유시간마다 틈틈이 그 자료들을 반복해서 봤다. 다행히 공연은 일 년에 많아야 3~4번이었으므로, 밴드 활동이 나의 전체적인 공부 흐름에 방해가 된 적은 없다. 무분별한 취미생활은 분명 공부하는 데 있어서 악영향을 미친다. 하지만 나의 경우처럼 공부에 방해되지 않는 적당한 취미생활은 오히려 긍정적인 자극을 주어 공부를 지속할 힘을 준다.

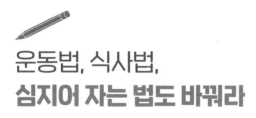

운동법, 식사법,
심지어 자는 법도 바꿔라

학교나 학원에도 수업 시간 중간에 쉬는 시간이 있듯, 공부 시간을 계획할 땐 휴식 시간도 고려해야 한다. 잘 공부하기 위해서라도 잘 쉬어줘야 한다. 단, 학교나 학원의 쉬는 시간과 차이가 있다면, '내가 만들고 내가 책임지는 시간'이라는 것이다.

퇴근 후 4시간의 여유 시간이 생겨서 공부 계획을 세운다고 할 때, 공부 1시간/휴식 3시간을 계획한다고 해서 나에게 뭐라 할 사람은 아무도 없다. 성인이 된 이상, 내 공부에 대한 책임은 나에게만 있기 때문에 가족들조차도 내가 쉬는 것에 대해서는 너그럽다. 쉬지 않고 공부만 할 땐 몸 상할까 걱정하면서 더 쉬라고 할지언정, 쉬고 있을 때 이제 그만 쉬고 공부하라고 하진 않는다.

그래서 나도 모르게 휴식 시간을 정할 때는 여유로워질 수 있다. '이만큼 공부했으면 이 정도는 쉬어도 되겠지'라는 보상심리와 '몸 상하면 전부 헛고생인데'라는 자기합리화가 앞서면서 휴식 시간이 길어질 수 있다. 우리는 이런 느긋함을 항상 경계해야 한다. 그러기 위해서는 휴식 시간도 공부 계획과 함께 계획적으로 만들 필요가 있다.

공부하는 데 최적의 뇌 컨디션을 만들어주는 것 중 하나가 세로토닌이라 불리는, 이른바 공부 호르몬이다. 이 세로토닌은 생명을 유지하기 위한 리듬운동, 즉 씹고, 걷고, 심호흡하고, 사랑하고, 군집할 때 분비된다. 세로토닌을 많이 분비하기 위한 다섯 가지 방법은 다음과 같다.

- 좋은 음식 잘 씹어 먹기
- 배 속까지 깊게 호흡하기
- 차 없이 즐겁게 걷기
- 몸과 마음으로 사랑하기
- 모이고 어울려 정답게 살기

　　　　　　　　　　- 이시형,《공부하는 독종이 살아남는다》

운동

아무리 공부할 시간이 빠듯한 직장인이라고 해도, 바쁜 일과를 마치고 온 당신에게 반드시 휴식은 필요하다. 업무로 복잡했던 머리를 그대로 공부 책상으로 옮기는 건 집중도 면에서나 체력 면에서 마이너스 요인이기 때문에 공부에 효과적으로 집중하기 위해서라도 머리를 의식적으로 비울 필요가 있다. 생각이 유난히 많은 사람이거나 공과 사의 구별이 명확히 안 되는 사람의 경우는 특히 그렇다. 그래서 퇴근 후 공부 모드로 들어가기 위해서는 회사의 업무라든가 온갖 잡생각들을 정리할 확실한 분위기 전환이 필요하다.

운동은 그런 분위기 전환에 제격인 활동이다. 너무 격렬하지 않은 운동을 하고 샤워까지 마치고 나면, 하루 종일 입고 있던 '회사'라는 옷을 '나'라는 옷으로 갈아입으면서 업무와 분리되는 느낌을 가질 수 있다.

운동이라고 하여 너무 거창하게 생각할 것도 없다. 가까운 거리를 걷는 산책부터, 스트레칭, 저녁 식사 후 동네 한 바퀴 돌기, 식사 전 30분 러닝머신 뛰고 오기 등 방법을 찾으려면 많을 것이다. 출퇴근 길의 전부나 일부를 걷는 것도 하나의 방법이다(1시간 이내일 경우에만 해당된다).

뇌 과학 분야에서도 몸을 움직이는 것은 세로토닌을 증가시켜주어 뇌의 활성화를 돕고 기억력과 정서 안정에 도움을 준다고 한다. 그날따라 회사 일이 맘처럼 안됐거나, 맡은 프로젝트로 인해 고민이 많다면, 몸을 움직여서 머리를 비워보자. 별 노력 없이도 복잡한 머리가 비워지는 느낌을 받을 것이다. 그러는 와중에 새로운 아이디어가 떠오를 수 있고, 기분이 좋아지기도 한다. 산뜻한 기분으로 공부까지 잘되는 것은 물론이다. 그러니, 잘 공부하기 위해서라도 몸을 움직여보자.

단, 직장인 수험생의 운동은 일반적인 운동과 두 가지 면에서 차이가 있다.

첫 번째로 직장인 수험생의 운동은 긴 시간 공부하기 위한 체력관리 차원에서 접근해야 한다는 점이다. 수험생에게 운동은 어쩌면 사치로 보일 수 있다. 특히 일을 하면서 공부까지 하려는 직장인들에겐 더 그렇다. 공부할 시간도 없는데 운동까지 해야 한다니 말이다. 하지만 공부하기 위해서는 체력이 필요하고 그러기 위해서는 반드시 운동을 해야 한다.

10대나 20대 때는 기본적으로 체력이 받쳐주다 보니, 별다른 운동 없이도 몇 년간의 수험 생활을 너끈히 버틸 수 있다. 하지만 3~40대, 나아가 50대에 들어 공부하게 되면 우리의 의지와는 달리 체력에서

오는 한계가 뚜렷하다. 앉아 있는 게 힘든 것은 물론이고, 머리에서 쥐가 나는 느낌을 실제로 느끼기도 한다. 또한 무엇을 배울 때도 마음만큼 잘 이해되지 않거나 다 알았다고 생각했는데도 돌아서면 잊어버리는 경험을 반복하면서, '머리가 굳어서' 공부가 잘 안 된다는 말을 확신하기 시작한다. 그런데 이는 반만 맞는 말이다. 정확히 말하면 '몸이 굳어서'가 맞다.

나이 들수록 젊을 때만큼 몸을 움직일 일이 없으니 몸의 근육은 시간이 흐를수록 퇴화한다. 몸의 근육이 퇴화할수록 움직임은 줄어들고 혈류의 흐름 또한 더뎌진다. 그러면 뇌로 흘러가는 혈과 기의 흐름이 약해지면서 뇌가 덜 활발해지고 그런 상태를 우리는 '머리가 굳었다'라고 느끼는 것이다. 실제로 한 연구에 따르면 우리 뇌의 능력은 젊었을 때와 큰 차이가 없다고 한다. 점점 안 쓰게 되니 '비활성화'되어 있을 뿐이다. 30대라면 20대처럼, 40대라면 30대처럼 몸을 움직이면 뇌 또한 달라진다. 몸을 움직여서 뇌를 깨우고, 공부하면서 그 뇌를 계속 사용하면 다시 젊은 시절의 뇌로 돌아갈 수 있다. 믿기지 않는가? 하지만 사실이다. 일단 시도해 보고 판단하라.

다음으로, 수험생은 운동 시간도 철저하게 소요 시간을 체크하며 '혼자' 해야 한다는 것이다. 우리가 운동하는 목적은 철저히 공부를 잘하기 위해서다. 다이어트나 멋진 몸을 만들기 위한 운동과는 다르다. 목적이 다르므로 운동 종류나 시간 역시 다를 수 있다. 수험생의 운동은 공부 시간을 방해하지 않는 선에서 가능한 한 매일 할 수 있는 가벼운 것으로, 되도록 시작부터 복귀까지 소요되는 시간이 1시간 미만이어야 한다. 누군가가 그건 운동이 아니라고 해도 상관없다. 그것이 나의 정신을 맑게 해주는 움직임이면 충분하다.

'혼자'를 강조한 이유는 혼자서 해야 옆길로 샐 가능성이 줄어들기 때문이다. 둘 이상의 사람이 모이면 당연히 이런저런 얘기가 오가고, 특히 가벼운 산책이라면 대화는 자연스럽게 따라온다. 그러다 보면 간혹 얘기가 길어져 쉬는 시간이 늘어나기도 하고, 자연스럽게 술자리로 이동하는 일이 생길 수 있다. 이왕 이렇게 된 거, 오늘은 즐기고 내일부터 공부하자 생각하며, 어느새 공부는 뒷전이 된다.

그래서 공부도 휴식도 내가 계획한 대로 잘 지키기 위해서는 혼자가 좋다. 더군다나 공부하는 게 익숙하지 않고 앉아 있으면 몸이 근질근질한 수험 생활 초기라면 더더욱 혼자일 필요가 있다. 아직 공부 근육이 만들어지지 않아 집중은 안 될지 몰라도, 공부 의욕은 충분하므로, 혼자라면 공부 시간 채우기만큼은 수월할 것이라고 본다. 그러니 혼자 할 수 있는 가벼운 운동으로 지친 몸을 달래고 들어와, 맑은 정신으로 공부를 시작해보자.

가끔 '한 달에 한 번쯤은 괜찮겠지'라며 주말에 등산이나 조기축

구, 골프 약속을 잡을 수도 있다. 하지만 이렇게 별생각 없이 일정을 잡았다가는, 그날 하루를 다 날려버리는 건 순식간이다. 늘 그렇듯, 이런 스포츠는 친목의 의미가 더 커서 운동만으로 끝나지 않고 뒤풀이 모임으로 이어지는 경우가 부지기수다. 엄밀히 말하면 운동이라 할 수 없다. 게다가 체력 소모가 큰 활동이므로 다녀와서 일정 시간의 휴식을 추가로 가져야 하는 경우가 많다.

결국, 야심 차게 계획했던 주말 오전과 오후 공부 계획을 모두 다 날릴 우려가 있다. 따라서 등산이나 골프 축구 등 친목을 목적으로 하고 체력 소모가 큰 스포츠라면, 수험기간에는 최대한 자제하라. 일과 관련된 공식적인 자리가 아니라면 그 횟수를 최소로 줄이길 권한다. 회사 야유회나 중요한 경조사 등 꼭 참가해야 할 일정이 있을 때를 제외하고, 주말 시간을 운동으로 채우는 일은 없게 하자. 단순히 머리를 식힌다는 이유로 주말 하루를 운동에 쏟는다면 그것은 직장인 수험생에게 시간적 차원에서 사치이다.

식사

식사 시간 역시 수험생들에게 아주 좋은 분위기 전환 시간이다. 하루 중 꼭 있어야 하는 시간이고, 건강을 위해서라도 건너뛰면 안

되는 시간이므로, 수험기간에는 이런 식사 시간을 최대한 활용해보자. 공부하는 사람에게 식사 시간은 최고로 귀한 휴식 시간이다. 평소보다 꼭꼭 씹어 먹고, 더 맛있는 것을 먹으면서 즐겨보자. 최대한 골고루, 내 몸에 공부 에너지를 채운다 생각하면서 정성스럽게 식사하길 바란다. 혼자라고 하여 '대충, 빨리' 먹는 건 도움이 안 된다. 나중에 포만감이 몰려들어 잠만 쏟아질 뿐이다.

공부를 시작하고 1년이 넘었을 무렵부터, 회식이 없는 날의 저녁 식사는 항상 나 혼자였다. 저녁 식사 자리에 같은 회사 직원이 둘 이상 모이다 보면 자연스럽게 술자리로 이어져서 공부 계획이 일그러질 가능성이 있으니 일부러 혼자 있는 것을 택한 것도 있고, 일반 성인 남자에 비해 나의 식사량이 적었던 것도 그 이유 중 하나였다. 다른 사람들과 함께 식사를 하면 항상 내 적정량보다 많이 먹게 되어, 책상 앞에 앉았을 때 어김없이 속이 더부룩하면서 잠이 쏟아졌다. 그래서 되도록 혼자 저녁 식사를 하려 노력했더니, 그때부터는 공부 계획도 차질 없이 실행할 수 있었다.

가끔 회사 동료들과 저녁 식사를 함께하면, 아무리 사적인 자리라 해도 대화의 주제는 일 얘기가 주를 이루게 된다. 공통의 관심사가 회사가 되어 자연스럽게 대화는 업무 관련으로 흘러가고, 그러다 보면 술자리로 이어질 가능성도 커진다. 이럴 경우 분위기를 봐서 잘

빠져나오는 타입이 아니라면, 그날 하루는 차라리 마음을 비우는 게 낫다. 최대한 부담 없이 시간을 보내고 귀가하여 다시 계획을 세워보자.

지난 나의 일정을 봤을 때, 일주일에 1~2회쯤 회식이나 저녁 약속으로 인해 평일 공부를 못하게 될 것이 예상된다면, 아예 처음부터 평일 공부를 3~4일로 계획하는 것도 하나의 방법이다. 그러면 갑작스러운 회식으로 인해 평일 공부를 못하게 되더라도 밀리는 양은 하루치 내외가 된다. 만약 이런 내 일정을 무시하고 5일 내내 공부하기로 계획을 세웠다면, 공부해야 한다는 부담감으로 인해 즐거워야 할 식사 자리가 좌불안석이 될 것이다. 그러면 식사도, 공부도, 사람들과의 관계도, 어느 것도 얻지 못하는 최악의 시간을 보낼지도 모른다. 그러느니 식사시간만큼은 즐겁게 사람들과 어울리면서 맛있게 음식을 먹고, 나머지 시간에 공부에 집중하는 것을 택하자.

가족과 함께하는 저녁 식사 자리라면, 대화의 주제는 되도록 일과 관련 없는 내용들로 채울 수 있다. 가벼운 이야깃거리로 대화를 이어나가면서 여유 있게 저녁 식사 시간을 보내보자. 편안하고 부드러운 분위기에서의 즐거운 식사는 뒤이은 공부 시간을 위한 확실한 기분 전환이 되어줄 것이다.

잠

나는 살아오면서 안쓰러울 만큼 잠과의 싸움에서는 항상 져왔다. 오늘은 기필코 맑은 정신으로 계획한 공부량을 다 소화하겠다는 마음과는 달리, 나의 공부 시간은 '졸음과의 사투'일 때가 많았다. 학창 시절에 의욕만 앞서서 책상 앞에 앉아 꾸벅꾸벅 졸던 것부터 직장인이 되어 공부를 시작했을 때 독서실에서 눈을 부릅뜨고 앉아 있던 때까지, 그 사투는 계속되었다. 아침에는 아침잠이 많아서, 퇴근 후엔 몰려드는 피곤으로 졸음이 쏟아졌다. 그렇다고 점심시간이나 이동하는 차 안에서처럼, 자투리 시간을 이용하여 피곤을 해소할 수도 없었다. 잠귀가 밝아 예민하다 보니 내 집 같은 편안한 곳이 아니면 쉽게 잠들지 못했다. 그래서 지금까지 나의 공부 인생은 한마디로 잠과의 싸움이라 정의해도 될 정도로 공부하는 나에게 있어 잠은 최대의 적이었고, 꼭 이기고 싶은 상대였다. 그런 나였으니, 잠에 대해서만큼은 확실하게 말해줄 수 있다. 공부하다 졸리면 두 번 정도는 깨어보려고 노력하되, 그것도 안 되면 그냥 자고 일어나는 게 최선이다.

퇴근 후, 공부 시간을 많이 만들겠다며 급하게 저녁 식사를 하고 책상 앞에 앉았을 때나, 그날따라 일이 고되어서 조용한 독서실에 들어오니 갑자기 피곤이 몰려 잠이 쏟아질 수 있다. 혹은 전날 저녁 늦게까지 공부한 후유증으로 다음날 졸음이 몰려올 수도 있다. 이런 다양한 이유로 온갖 노력에도 잠이 쏟아진다면, 그냥 잠깐 눈을 붙여보자. 저녁이지만 낮잠의 개념으로 잠깐의 짧은 수면시간을 가져보는 것이다. 책상에 엎드려 자거나, 차가 있다면 차에 앉아서 너무 퍼지지는 않게 쪽잠을 자자. 이렇게 잠이 쏟아질 때 갖는 잠깐의 수면은 하루의 피로를 누그러뜨리고 나의 뇌를 정화시켜 정신을 맑게 하며, 낮에 있었던 일들을 마무리 해주는 느낌까지 든다. 당연히 뒤이은 공부에도 좋은 영향을 줄 수 있다.

하지만 여기서 주의할 점이 있다. 어디까지나 쪽잠을 자야지, 밤잠 자듯이 자면 안 된다는 것이다. 낮잠 시간이 한 시간을 넘어가면 밤 수면에도 영향을 주게 된다. 그러면 다음 날의 컨디션에도 지장을 주기 때문에 피곤이 계속되는 악순환이 반복될 우려가 있다. 따라서 독서실이라면 적당히 긴장을 주는 자세로, 집이라면 가족에게 깨워달라는 부탁을 하고 30분 내외로 수면 시간을 가져보자. 피곤이 몰려오는 때 갖는 달콤한 잠은 나의 공부 효율을 높여주기에 제격이다.

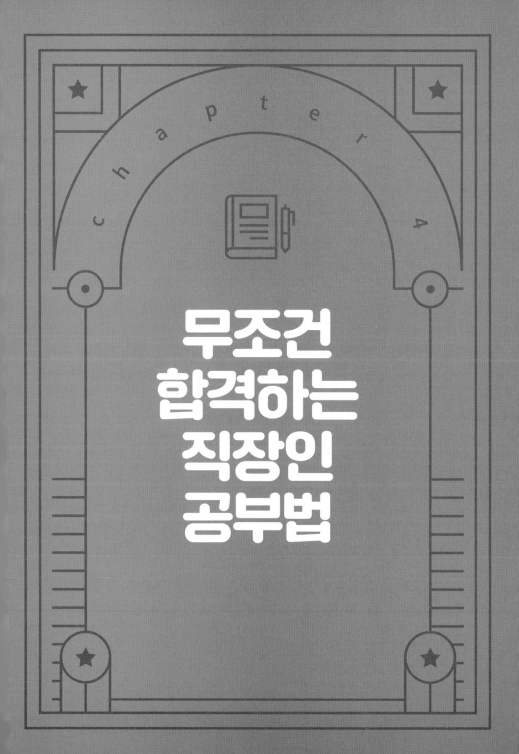

무조건
합격하는
직장인
공부법

굳은 머리를 위한
'단순-반복'의 기적

대부분의 시험에서 암기는 공부의 전부라고도 할 수 있다. 개념을 이해하면서 흐름에 따라 연상하며 암기하는 경우도 있고 연관성이 없는 것들의 나열을 무작정 외워야 하는 경우나 한 페이지 분량을 통째로 줄줄 읊는 것처럼 그 종류도 다양하다. 그게 무엇이 되었건 시험을 보는 사람은 누구든지 이왕이면 짧은 시간 내에 완벽하게 외우고 싶어 한다.

지금까지 살아오면서 배우고 외운 것 중에는 시간이 꽤 흘렀는데도 선명하게 기억에 남는 내용들이 있다. 그런 것들에는 공통점이 있는데, 바로 '단순화+반복'을 통해 암기한 것들이라는 점이다. 말 그대로 개념을 이해한 뒤 내용을 암기하기 좋게 단순화시킨 다음 반복해서 암기하는 것으로, 화학 시간에 배운 주기율표나, 역사 시간에 배운 조선 시대의 왕 순서를 떠올리면 이해가 쉬울 것이다. 말 그대로 '이것만' 외우면 압축된 정보 모두를 외울 수 있는 방법이다. 이렇게 암기한 내용은 누가 물어보면 거의 반사작용처럼 자동으로 나온다.

아쉽게도 앞으로 우리가 공부해야 할 것들 중에는 이보다 훨씬 복잡하다. 매우 다양하면서도 엄청난 양을 자랑하며, 책을 씹어 삼키듯 전체를 몽땅 다 외워야 하는 시험들도 많다. 이렇게 많은 양의 지식을 암기해야 하는 경우에는 암기법도 그에 맞는 것을 찾아야 한다.

시험공부를 하는 데에도 시간이 부족한데 암기법까지 따로 공부해야 한다니 마음이 답답해질 것이다. 하지만 내게 맞는 암기법을 배우고 적용하는 것은 더 멀리 내다봤을 때 분명 도움이 된다. 여러 암기법을 이것저것 시도해보면서 나에게 맞는 걸 찾아 나가는 시간이 아깝게 느껴질 수도 있지만, 그 시간만 지나면 우리가 바라는 목표 지점에 더욱 쉽게 다다를 수 있도록 우리 등에 날개를 달아줄 것이다. 결코 시간을 낭비하는 행위가 아니다. 2보 전진을 위한 1보 후퇴라고 할 수 있다.

우리의 빠르고 완벽한 암기를 도와주기 위해, 여기서는 다양한 암기법들을 제시한다. "이런 걸 누가 몰라? 근데 안 되는 걸 어떻게 해"라며 쉽게 포기하거나, 나에겐 해당 사항 없다며 책장을 덮지 마라.

그냥 넘어가면 다시는 암기를 정복하지 못한다. 약간의 개인차가 있겠지만, 여기서 소개할 방법 중에는 분명히 나에게 맞는 암기법이 있다. 그리고 그 암기법을 찾을 수 있는 사람은 오직 나다.

나는 학창 시절, 공부 머리 탓만 하며 누구보다 암기를 어려워했던 사람이다. 이해도 느리고 암기는 더 느려서 나와 공부는 인연이 없다고까지 생각했던 사람이다. 그런 나도 이론을 통째로 외우고 쓰고, 구술면접에서 묻는 이론에 대해 술술 설명하며 원하던 자격증을 거머쥐었다. 직장인 수험생이던 시절, 하루빨리 합격하고 싶어서 좋다는 암기 방법들을 다양하게 시도했고, 여러 시행착오를 겪으며 나에게 맞지 않는 방법들을 지워나갔다. 주변에서 같이 공부하던 여러 수험생과 선후배들, 그리고 나의 경우를 종합하여 내린 결론은 각자에게 맞는 암기법은 따로 있다는 사실이다. 절대 다수에게 맞는 암기법이라고 해도 그 방법이 모든 수험생에게 적용되지는 않았다. 그런 암기 방법은 시도해보지 않으면 모른다. 일단 해봐야 나한테 맞는지 아닌지 알 수 있다.

여기서 소개할 여러 가지 암기법을 읽어 내려가다 보면, 앞에서 본 다른 암기법의 내용과 비슷하다고 느껴지는 때가 있을 것이다. 하지만 이는 잘못된 것이 아니라 지극히 당연한 결과다. 암기 방법의 핵심은 '이해한 것을 확인하고 효율적으로 반복하는 것'에 있기 때문에 큰 범주로 '확인과 반복'이라는 측면에서 비슷한 부분이 생길 수밖에 없다. 그래서 각각의 암기법들은 완전히 독립적인 것도 있지만, 공통점이 많은 것 또한 존재한다. 거기서 조금만 더 들어가면, 왜 암기법들을 따로 분류해 놨는지 확연해진다. 지금까지 사용해왔던 나의 암기 방법과 비교해 가며, 다음의 암기법들을 찬찬히 살펴보고 활용해보자.

[기본]

없는 시간 쪼개지 말자:
'단순' 암기법

암기에 들어가기 전 내용 정리는 필수다. 개념서를 통째로 외우는 게 더 편한 사람은 없겠지만, 설령 있다 해도 그 방법은 말리고 싶다. 안 그래도 바쁜 일정에 굳이 귀한 시간을 들여가며 암기에 필요 없는 부연설명까지 전부 외울 필요는 없지 않은가. 그래서 개념을 배우고 원리를 이해한 뒤에는 암기하기 좋게 내용을 최대한 단순화시키는 것에 노력을 쏟아야 한다. 그날 배운 내용에서 핵심어를 뽑아내고 그 핵심어들을 사용하여 전체 내용을 요약 정리하는 것이다.

내용을 단순화시키는 방법에는 크게 도식화법, 키워드법, 마인드맵 세 가지가 있다. 암기를 잘하게 도와준다는 면에서 암기법의 일종으로 볼 수도 있으나, 여기서는 뒤에 나올 다양한 암기법들의 근간이 된다는 점에서 본격적인 암기를 위한 '내용정리법'으로 따로 분류했다. 거기에 코넬식 노트 필기법을 이용하여 위의 세 가지 방법을 활용하는 것까지 알아볼 것이다.

우리는 보통 하나의 주제를 이해하기 위해 개념에 대한 정의와 원리, 특징, 종류, 그리고 활용 등을 공부하게 되는데, 이때 도식화법은 주제의 개념과 원리를 물 흐르듯 설명할 수 있도록 도움을 준다. 그리고 특징과 종류 등 여러 가지를 암기해야 하는 경우에는 키워드법이 아주 유용하게 쓰이고, 마지막으로 마인드맵을 이용하면 전체를 하나로 엮어 개념과 연관된 모든 내용을 한눈에 보기 좋게 정리할 수 있다. 이처럼 내용을 단순화시켜 정리하는 방법에도 저마다 특징이 있으니, 각각의 장점을 살려 적재적소에 활용해보자.

도식화법: 원리, 인과관계, 상관관계

도식화법이란 글로 설명된 이론을 하나의 그림이나 식, 기호를 이용하여 내가 알아보기 쉽게 정리하는 것을 말한다. 예를 들어 지구온난화 과정에 대해 설명하는 것을 도식화하고자 한다면 어떠한 알고리즘에 의해 기온이 올라가고 지구온난화가 발생하는지를 그림으로 나타내고, 그것이 지구에 미치는 파장까지 흐름에 따라 기록하여

<도식화 예시>

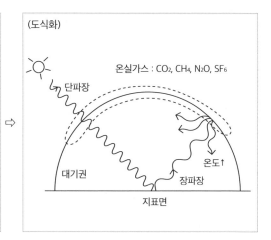

| (수험서 본문 중) | (도식화) |

(수험서 본문 중)

지구온난화는 이산화탄소 (CO_2) 메탄(CH_4), 아산화질소(N_2O), 육불화황(SF_6) 등의 온실가스가 태양으로부터 지구에 들어오는 단파장의 복사에너지는 통과시키는 반면 지구로부터 방출되는 장파장의 복사에너지(적외선)는 흡수해 대기권 외부로 방출되는 것을 차단함으로써 지구의 기온을 상승시키는 현상을 말한다.

지구온난화에 대한 개념과 원리를 한눈에 담을 수 있도록 정리하는 것이다. 내 노트에 적는 것이므로, 나만 알아볼 수 있으면 된다. 그것을 통해 내가 이해한 것을 다시 설명하여 글로 풀어낼 수 있다면 그것으로 충분하다.

키워드법: 암기 영역 확장시키기

한 번에 여러 가지를 외울 때 활용하면 좋은 정리법이다. 처음에는 각각의 문장에서 중요한 키워드만 뽑아 전체 내용을 상기시키며

<키워드 예시>

(수험서 본문 중)
3. 태양광발전의 특징
1) 장점
① 청정에너지이다.
② 모듈화 구성으로 시스템이 간단하다.
③ 시공이 용이하고, 건설 기간이 짧다.
④ 유지보수가 간단하다.
2) 단점
① 발전 효율이 낮다.
② 소요 부지 면적이 넓다.
③ 날씨 및 모듈의 설치각도에 영향을 받는다.
cf) 최대 출력은 방위각-정남, 경사각-약33°

⇨

(일반형 키워드)
태양광특징: 장) 청정, 모듈화, 시공, 유지
보수
단) 효율, 부지, 날씨, 각도
(방위, 경사)

⇩

(축약형 키워드)
태양광 특징: 청, 모, 시, 유/효, 부, 날, 각
(방, 경)

연습한 다음, 그것에 익숙해지면 각 키워드의 앞 글자를 따서 연결시킨다. 여기서 더 나아가 키워드로 스토리가 있는 문장을 만들거나, 나만 알아들을 수 있도록 멜로디를 붙이는 방법도 있다. 얼핏, 암기를 위한 암기로 보이기도 하지만 키워드법은 많은 양의 암기를 위한 트리거trigger 역할을 함으로써 다양한 공부에 유용하게 활용이 가능하다.

이렇게 키워드로 요약된 내용을 토대로, 배운 것을 차례차례 암기해 나간다. 내 공부방이라면 소리 내어 읽으면서 외워보고 독서실이나 지하철, 버스 같은 공공장소라면 머릿속에 떠올리면서 속으로 읊어보면 암기 효과가 좋다.

마인드맵 : 핵심어를 이용하여 뼈대 만들기

마인드맵은 영국의 교육학자 토니 부잔^{Tony Buzan}이 개발한 방법으로 '핵심어를 이용하여 생각을 확장/정리한 지도'라고 정의할 수 있다. 배운 것을 체계적으로 정리하기 위해 창안된 이 방법은 먼저, 백지 위에 키워드나 중심 이미지를 가운데에 놓고 원을 그린다. 그다음엔 중심 키워드에서 연상되는 다른 내용들을 핵심어, 이미지, 색상, 기호, 심볼^{symbol} 등을 사용하여 거미줄처럼 펼쳐나가면서 각각의 내용을 직선으로 연결한다. 새로운 연상이 떠오르면 다시 중심원의 단어로 돌아가 새로운 다발을 생성한다. 이렇게 여러 개의 내용이 모여 다발 모양을 이룬다고 하여, 클러스터^{cluster} 기법이라고도 불린다. 핵심어를 이미지화하여 지도를 그리듯 이해와 암기를 동시에 가져갈 수 있는 기법이다.

마인드맵은 논리적이라 인과관계, 상관관계가 있는 내용의 흐름을 거미줄처럼 엮는 것에 상당한 도움을 준다. 마인드맵만으로도 큰 줄기(기둥)는 세워진다. 만약 내용이 이어지지 않을 경우, 새로운 핵심 단어를 중심으로 새 마인드맵을 만들고 마찬가지로 그로부터 연

<마인드 맵 예시>

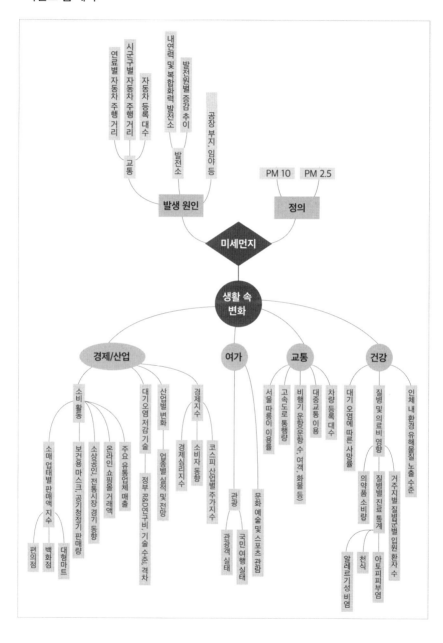

관된 내용들을 연결해 나간다. 하나의 핵심 단어에서 뻗어 나오는 여러 관련 단어들로 인해 하나의 큰 다발이 만들어지고, 그 다발을 전체적으로 떠올리며 이론을 암기하다 보면 나중에는 내가 찾으려 하는 단어의 위치까지 머릿속에 떠오른다. 하나의 이론 자체가 이미 지화되어 내 머릿속에 각인되었기 때문이다. 혹시 더 추가할 내용이 있다면 그 안에서 새로운 가지를 만들어 추가할 수 있으므로, 증감까지 수월한 정리방식이라고 볼 수 있다.

마인드맵을 사용하면 떠오르는 생각의 파편들을 체계적이고 논리적으로 쉽게 확장해나갈 수 있고, 전체적인 내용과 구조를 한눈에 파악할 수 있다. 또한 이 방식은 좌뇌 요소인 핵심 단어와 우뇌 요소인 색, 그림 등을 전부 사용하여 생각을 표현하고 기억하기 때문에 두뇌 활동의 효율성이 자연스럽게 향상된다. 따라서 무언가를 이해하고 암기하는 행동 자체를 뇌는 즐거움으로 받아들이고, 그러면서 암기 능력도 좋아질 수 있다. 몇 번의 연습만으로도 이 마인드맵은 쉽게 익힐 수 있다는 장점이 있다.

이런 장점 외에 마인드맵이 직장인 공부에 특히 좋은 점은 따로 있다. 핵심 단어만 기록하여 정리하므로 많은 내용을 담는데도 불구하고 정리 시간을 절약할 수 있다는 점과 '체계적이고 논리적인 연결성'으로 인해 내용의 인과관계를 쉽게 파악하고 떠올릴 수 있다는 점이다. 대중교통을 이용하여 출퇴근 시, 혹은 점심 식사 이후 생기는 잠깐의 틈새 시간을 활용하여 암기한 것을 떠올릴 때도 이 마인드맵은 유용하다.

코넬식 노트 필기법Cornell Note Taking

코넬식 노트 필기법은 1950년대 미국 코넬대학교의 월터 포크 Walter Pauk 교수가 개발한 노트 필기법으로, 노트 한 페이지를 필기, 단서, 요약의 3개 영역으로 구분해 강의 내용을 기록함으로써 효과적으로 복습할 수 있도록 도와주는 필기법이다. 앞에서 배운 세 가지 내용 정리법을 여기에서 전부 활용할 수 있다.

간혹 제목 영역까지 더하여 4개 영역으로 나누기도 하는데, 모두가 알다시피 필기에서 제목은 가장 기본이기도 하거니와 특별히 설명할 것도 없으므로, 여기서는 3개 영역으로 나누어 살펴보도록 하겠다.

먼저, 노트 한 페이지를 필기 영역notes과 단서 영역(Cues, 키워드 영역이라고도 한다), 그리고 요약 영역summary의 세 부분으로 구분한다. 노트를 세로로 나눈 왼쪽에 단서 영역을 두고, 오른쪽엔 필기 영역을 둔다. 그리고 맨 밑에 약간의 여유를 두어 가로로 요약 영역을 만든다.

<코넬식 노트 필기법 예시>

제목

키워드	내용 정리(필기)

요약

필기 영역에는 수업 중에 배운 강의 내용을 적는 곳이다. 가능한 한 많은 내용을, 최대한 정확하게 적는 것이 좋다. 나만의 기호나 그림을 사용하면, 간단한 표현으로도 많은 내용을 담을 수 있다. 펜의 색깔을 달리하여 중요도를 표시하는 것도 하나의 방법이다. 수업과 상관없는 농담을 적어도 좋다. 수업 사이사이에 있었던 농담까지 적어놓으면, 복습할 때 연상 작용에 의해 수업 내용을 떠올리기도 쉬워진다. 필기 영역에는 교과서나 학습서의 내용은 들어가지 않고 오직 강의 내용만 적도록 한다. 나중에 알게 된 내용을 추가할 수 있도록 줄과 줄 사이, 문단과 문단 사이에 충분한 간격을 두는 것이 좋다.

단서 영역에는 필기 영역에서 중요하다고 생각하는 키워드를 찾아 적고, 공부하면서 생기는 질문이나 아이디어 등을 추가한다. 키워드는 그날 배운 수업 내용 중에 반드시 알아야 하는 것으로, 자연스럽게 핵심 내용을 떠올릴 수 있다. 후에 이 키워드를 중심으로 그날 배운 내용을 복습하고 정리하면, 공부할 때도 헤매지 않고 수월하게 복습을 할 수 있다. 필기 내용을 떠올리고 암기하는 데 있어서 이 단서 영역은 중요한 마중물이 된다.

요약 영역은 노트 내용에서 중요한 내용을 문장으로 요약하여 적는 공간이다. 2~3개의 문장으로 요약하는 것도 좋고, 앞에서 배운 도식화법이나 키워드법, 마인드맵을 이용하는 것도 아주 좋다. 그 단원에서 배워야 할 학습 목표가 잘 드러나게 정리하는 것이 핵심이다.

코넬식 노트 필기법에는 다섯 가지 원칙5R이 있다. 기록Record, 축약Reduce, 암송Recite, 숙고Reflect, 복습Review으로, 5R 단계라고도 하며 그 내용은 다음과 같다.

① 기록 단계: 필기 영역에 해당하는 것으로, 중요한 내용을 상세히 기록하는 것을 말한다.

② 축약 단계: 필기 내용에서 핵심 단어를 추출하는 단계로, 키워드 영역에 해당한다.

③ 암송 단계: 키워드 영역에서 정리한 핵심 단어를 중심으로 학습 내용을 연상하고, 가능하면 말로 설명하면서 복습해 나가는 것을 의미한다.

④ 숙고 단계: 핵심 단어들끼리 어떠한 유기적인 관계를 갖고 있고, 이미 내가 알고 있는 내용과 어떻게 연결되는지를 공부하여 지식을 확장하는 단계이다. 단편적인 지식이 큰 덩어리가 되어 하나로 뭉쳐지며, 꼬리에 꼬리를 물고 생각해 봄으로써 깊이 있게 이해할 수 있다. 혹시 빠진 부분이 있거나 불필요한 부분 또는 틀린 부분이 있다면 이때 추가하거나 수정한다.

⑤ 복습 단계: 공부한 내용을 잊어버리지 않기 위해 약간의 시간

을 두고 훑어보는 단계이다. 수업 시간에 필기한 내용부터 정리, 요약까지 그 흐름대로 복습하는 것을 말한다. 잠자기 직전이나 시험 전, 짧은 시간에 전체를 훑어보기에 좋다.

[기본]

합격을 보장해드립니다:
'반복' 암기법

　'에빙하우스의 망각곡선'은 모든 암기에 적용되는 기억 특성이 아니다. 아무 관련성 없이 나열된 단어들을 무작정 암기하는 경우의 기억 유지 시간을 나타낸다. 그래서 내가 기존에 알고 있는 내용과 연결시켜 암기하는 경우나, 개념을 확실하게 이해하여 원리에 입각해 암기하는 경우 특정 내용을 하나의 연결고리로 묶어 연관성을 만들어 기억하는 경우의 기억 유지 시간 특성은 에빙하우스의 망각곡선과 조금 다르다고 볼 수 있다.

　하지만 다행스럽게도(?) 에빙하우스의 망각실험은 여기에서 끝나지 않았다. 그는 망각도 복습의 회차에 따라 0에 가까워질 수 있다는 것을 실험으로 보여줬다. 이 실험에서 피실험자로 참여한 에빙하우스는 반복되는 복습을 통해 무의미한 암기가 장기기억으로 바뀌어 가는 과정을 직접 경험했다. 이렇게 장기기억 상태가 되면 그 이후 에는 몇 달에 한 번씩 훑어보기만 해도 기억을 유지할 수 있었다.

이쯤 되면 눈치챘겠지만, 암기는 결국 '반복'이다. 무의미한 단어 의 나열이든, 원래 알고 있던 지식에 추가하는 것이든, 암기를 위해 서는 무조건 반복 학습이 들어가야 한다. 그래서 공부를 잘하는 데 엔 왕도가 없다고 했다. 대신, 한 번 외울 때 더 확실하게 각인시키는 방법으로 암기의 수고를 덜어주는 방법은 존재한다.

구술암기법 : 말로 확인하기

외운 것을 말로 설명해보는 암기법이다. 소리 내서 외워야 한다는 단점에도 불구하고 생각보다 이 방법은 암기 효과가 탁월하다. 게다 가 같은 양을 비교했을 때, 쓰면서 외우는 것보다 훨씬 짧은 시간 안 에 전부를 훑을 수 있다. 나의 경우, 한 번 쓰는 시간과 다섯 번 소리 내어 외우는 시간이 비슷하게 소요되었다.

단, 소리 내어 외운다는 것에는 조건이 따른다. ① 주요 내용을 ② 최대한 암기하여 ③ 소리 내어 확인하고 ④ 끝난 후 보완하는 난세를 거쳐야 한다. 단순히 멍하게 읽기만 하는 것은 구술암기법이라고 할 수 없다. 배운 내용을 최대한 이해한 다음, 내가 떠올리기 쉽게 내용을 요약하고 암기하여 소리 내어 설명해야 한다. 소리 내어 외우다가 자주 틀리는 부분, 유난히 잘 생각이 안 나는 부분이 있으면 표시해 두고 그 부분을 점차 보완해 나간다. 그런 다음 암기하고, 다시 설명하고, 또 보완하는 것을 반복한다.

이렇게 하다 보면, 나중에는 한 번 쓰는 시간에 여러 번 말로 설명할 수 있게 된다. 이 방법은 암기하는 것뿐만 아니라 추가적인 장점이 하나 더 있다. 바로 구술 면접에 탁월한 효과가 있다는 것이다. 구술 면접에서는 면접관의 질문에 대해 내가 아는 것을 최대한 또박또박 요점만 간략하게 말로 설명해야 한다. 그래야 내가 진짜로 알고 있다는 확신을 준다.

요약하여 말하는 연습을 하지 않으면, 정작 중요한 내용은 말하지도 못하고 끝나거나 할 말을 계속 떠올려야 해서 말이 늘어지기 때문에 태도에서부터 좋은 인상을 주지 못한다. 실제로 내가 겪은 경험을 관련 이론과 잘 버무려 설명하려면 말하기 연습이 충분히 되어 있어야 한다. 처음 말하기 연습을 하면 이론의 개념, 종류, 활용, 그리고 전망과 보완점까지, 내가 알고 있는 모든 것을 쏟아붓듯이 연습하게 되지만, 연습을 반복할수록 내용은 가다듬어진다.

이처럼 소리 내어 암기하는 구술암기법은 쓰면서 외우는 것보다 암기 속도가 빠르고 암기가 더 잘 된다는 점 외에 구술면접까지 준비할 수 있다는 장점이 있으므로, 자신이 준비하는 시험에 구술면접이 있다면 꼭 구술암기법으로 연습해 보기를 추천한다.

혼자 말하면서 암기하려다 보면 집중을 계속 유지하기 힘들 때가 있다. 마음은 청산유수이나 현실은 그렇지 않아서 설명이 끊겨 자주 노트를 들여다보게 된다. 그런 상황이 여러 차례 반복되면 자세가 흐트러지는 건 순식간이다. 그럴 때 집중력을 늘려주는 방법이 하나 있다. 바로 내 목소리를 녹음해 보는 것이다.

외운 것을 말로 설명하며 확실하게 암기하고, 그것을 녹음하여 다시 들어보면 나 자신이 면접관이 된 것처럼 내 설명을 객관적으로 들을 수 있다. 어느 부분의 설명이 빠졌고, 어디에서 머뭇거렸으며, 어디가 틀렸는지 정확히 알 수 있다. 그 외에도 말의 억양, 빠르기, 말투, 목소리의 크기 등 제삼자의 입장에서 내 목소리에 대해 평가해볼 수 있다. 게다가 '듣는 것'은 때와 장소를 가리지 않고 할 수 있다는 장점이 있다. 이동하는 버스 안에서나 걸으면서, 누군가를 기다리면서, 긴 출장길에서, 움직이는 모든 시간을 활용할 수 있다.

> ※ 구술암기법 쉽게 따라 하기
>
> 1. 내용을 이해한다. (원리 이해)
>
> 2. 내용을 요약한다. (내용 단순화 방법 활용)
>
> 3. 요약 정리한 내용을 복습하면서 외운다. 키워드를 보고 내용을 설명하는 방식도 좋다. 최대한 매끄럽게 설명할 수 있을 때까지 암기해 보자.
>
> 4. 암기한 것을 녹음한다.
>
> 5. 녹음된 내용을 다시 들으며 내용을 확인한다.
>
> 6. 혹시 빠진 것은 없는지 살펴보고, 내용에 빈약한 부분이 있다면 수첩에 표시해 두었다가 공부할 때 추가한다.
>
> 7. 매끄럽게 설명할 수 있을 때까지 3~6의 과정을 반복한다.

티칭법: 가르치면서 더 많이 배운다

누군가에게 내가 외운 내용을 가르치듯 설명해주는 암기법이다. 앞에서 설명한 구술암기법과 소리 내어 말한다는 점에서는 언뜻 같아 보이나, '가르치듯' 설명한다는 부분에서 구술암기법과 분명한 차이가 있다. 이 암기법을 활용할 때는 설명을 듣는 사람이 앞에 있는 것이 좋다. 상대방이 내 설명에 고개를 갸웃하거나 질문을 하고, 이해가 안되는 부분은 부연설명을 요청하면서 피드백을 줄 수 있다면 금상첨화다. 티칭법은 평균적으로 1년 이상의 긴 수험 생활을 필요로 하는 시험에서 활용하기 좋다. 특히 같은 시험을 준비하는 사람들이 모인 스터디모임에서 사용하기에 가장 좋은 암기법이다.

그중에서도 본격적으로 공부하는 시기에 들어선 도약 단계의 사람들에게 특히 효과가 있다. 이때는 공부 의욕과 수준이 어느 정도 균형을 이룬다. 아직 이해하지 못한 부분이 많다고는 해도 기본은 되어 있고, 공부 초반보다 알아들을 수 있는 내용들이 많아지면서 성적이 공부하는 만큼 오르는 때다. 그래서 도약 단계에 있는 사람들이 모여 티칭법으로 공부하면 구성원들의 참여도도 월등히 높고, 그 효과 또한 최고의 아웃풋을 기대할 수 있다.

내가 설명할 차례가 다가오면 구성원들에게 누가 되지 않기 위해서라도 열심히 준비하게 된다. 그러면 적어도 이 부분 만큼은 나의 지식이 공고해진다고 생각하면서 시간 가는 줄 모르고 공부한다. 상대의 설명을 들을 때도 의욕이 높은 만큼 구성원들의 집중도도 높다. 각자의 경험들이 모여 지식이 확장되기도 하고 깊어지기는 등 활발한 지식의 교류가 이어진다. 끊임없이 질문하며 나의 지식 또한 완성도를 더해 갈 수 있다.

하지만 준비 단계에서나 고득점 단계에서는 효율성이 떨어진다.

이미 고득점의 합격권에 진입한 사람이라면 모의고사를 보면서 서로의 위치를 수시로 확인해보거나 합격자들의 조언을 통해 부족한 부분을 보충하는 게 더 효율적이다. 그리고 준비 단계에서는 아는 게 별로 없는 시기라서 나눌 수 있는 지식이 별로 없다. 공부에 대한 의욕만 넘쳐서 야심차게 스터디모임을 만들어봤자 효과는 기대 이하이고 시간이 갈수록 구성원들의 참여도는 점점 낮아진다. 그래서 도약 단계에 들어설 때까지는 혼자 공부하는 것을 추천한다. 나만의 노트를 만들고 마인드맵, 키워드법, 도식화법을 이용하여 암기를 위한 정리를 해두는 것이 준비 단계를 위한 최고의 공부법이다.

또한 티칭법은 앞서 '나의 강점 찾기'에서 설명했던 '메타인지'와도 관련 있다. 누군가가 나에게 질문을 해왔을 때, 확실하게 아는 것이라고 생각하며 자신 있게 설명을 시작했으나 중간에 막혀버렸다면, 사실은 그 부분에 대해 완벽히 알고 있었던 게 아니었다는 뜻이다. 개념 정리가 확실히 안 되어있는 상태에서는 문제 풀이에 들어가서도 답안지를 자주 참고하게 된다. 복습도 했고 문제도 풀었으니 그 순간엔 다 아는 것 같지만, 이것은 착각이다.

한 자리에서 하나의 이론만 암기하는 것을 반복하고 곧바로 단기 기억에 의존하여 문제를 풀게 되니 당연히 그 순간에는 문제에 대한 이해가 빠르다. 그걸 자신은 풀었다고 생각하고, 다 알았다고 착각하는 것이다. 이런 것을 '인지의 착각'이라고 한다. 이렇게 다 알았다고 착각하게 되면, 두 번째 복습할 때는 그 부분을 소홀히 보게 된다. 공부의 효율을 높이고자 잘 모르는 부분에 집중하기 위해 잘 알고 있다고 생각하는 부분은 건너뛰게 된다.

다른 사람에게 설명하는 과정에서는 내가 알고 있는 것과 모르는 것이 정확하게 드러난다. 적당히 아는 것을 설명할 때와 확실하게 아는 것을 설명할 때는 상대가 받아들이는 정도부터 다르다. 이때 나의 설명이 나조차 만족스럽지 못하고 뭔가 부족하다 느껴진다면, '내가 완벽하게 알고 있는 게 아니었구나!'라고 생각하면 된다. 바로 이때가, '내가 모른다는 것을 몰랐던 사실'을 확실히 나에게 인지시켜주는, '메타인지'가 작동하는 순간이다.

이렇게 메타인지를 통해 나의 부족한 부분을 알게 되면, 그다음부터 돌다리도 두들겨 보고 건너자는 마음으로 더 착실하게 공부할 수 있다. 답안지를 보며 다 안다고 착각했던 문제들도 줄줄 써 내려갈 때까지 몇 번이고 반복해서 풀게 되고, 분명히 어제 다 외웠다고 생각했던 것도 오늘 다시 한 번 보면서, 더 확실하게 짚고 넘어갈 수 있다.

그래서 최상위권 학생들은 친구들의 질문을 대충 넘기지 않는다. 열과 성을 다해 설명해준다. 어쩌면 속으로는 질문을 반기고 있을지도 모른다. 내가 정말 정확히 알고 있는지 한 번 더 확인할 수 있는 기회니까 말이다. 이 학생들은 메타인지라는 단어는 모를 수 있어도, 그 원리만큼은 이미 몸으로 체득했다. 설명하는 사람은 본인의 지식을 더 확고히 하게 되어 좋고, 설명을 듣는 사람은 모르는 걸 알게 되어 좋으니, 티칭법은 서로에게 있어 윈-윈이 되는 암기법이기도 하다.

복기법: 백지에 써보기

이미 주관식 서술형시험을 준비하는 많은 수험생이 사용하고 있는 방법으로, 실제 시험에서처럼 답안지를 쓰듯 공부하는 방법을 말한다. 최상위권 학생들이 많이 사용하는 '백지 복습법'이나, 그날 외운 것을 자기 직전에 눈을 감은 상태에서 머릿속으로 복기해보는 '내용 복기법'과 그 맥락이 같다.

A4 용지나 빈 노트에 하나의 이론에 관한 내용을 최대한 책을 복기하듯 써 내려가는 것이 포인트다. 처음엔 모르는 부분은 비워둔 채 생각나는 대로 검은색 펜으로 적어 내려간다. 다 적은 후 내가 놓친 부분이 무엇이었는지 확인한다. 뭐가 있었던 것은 아는데 그 내용이 생각이 안 났을 땐, 그 부분을 찾아 파란색 펜으로 보충한다. 통째로 생각나지 않았던 부분이 있다면, 그 부분은 빨간색 펜으로 적는

다. 그렇게 적은 것을 바탕으로 다시 암기한다. 그러면 내가 놓친 부분이 확연히 드러나고 파란색과 빨간색 부분을 중점적으로 공부하면 두 번째로 백지에 써 내려갈 땐 처음보다 완성도가 높아진다.

에피소드법: 지루한 암기에 양념 뿌리기

수업 내용을 필기할 때, 개념과 관련된 내용뿐만 아니라, 강사가 중간중간 던지는 농담까지 다 적어놓는 방법을 말한다. 앞서 코넬식 노트 필기법에서도 잠깐 나온 내용이다. '연상법'이라고 하여, 농담을 상기시키다 보면 어느새 수업 내용까지 이어지는 생각의 고리를 이용한 공부법이다.

우리는 하루 동안 많은 것을 겪지만, 그 모든 것을 기억하지는 못한다. 너무 충격적인 장면이어서 저절로 각인된 내용이 아니라면 기억은 한정적일 수밖에 없다. 하지만 그런 희미해지는 기억에 이야기가 덧입혀지면 쉽게 떠올리는 게 가능하고 오래 기억할 수 있다. 이야기는 우리 뇌에 이미지나 영상으로 기억을 저장하고, 우린 그 이미지나 영상을 다시 '에피소드화'하여 기억을 떠올린다. 정말 안 외워지는 영어 단어도 내가 그 단어를 외웠던 장소, 그때 마신 커피, 밖에서 들려오던 소리 등 그 순간의 장면을 떠올리다 보면 그때 외웠던 단어가 기억나기도 한다.

　이런 에피소드법은 유난히 안 외워지는 내용이거나 연관성 없이 나열된 것들을 무작정 외워야할 때 특히 효과적일 수 있다. 앞서 말한 키워드법과 함께 에피소드법을 이용하면, 막막하기만 했던 내용을 암기하기 수월해진다. 암기는 여전히 쉽지 않겠지만, 적어도 기억이 오래 가는 것만은 확실하다.

[심화]

직장생활로 기른 '정리' 스킬로
나만의 노트를 만들어라

노트 정리를 잘해야 공부가 쉬워진다

우리가 직장 생활을 하며 잘하게 된 것은 무엇일까? 나는 단언코 '정리 능력'이라고 말하고 싶다. 지금껏 당신이 작성하고 정리한 수많은 보고서를 생각해보라. 노트 정리도 똑같다. 많은 시험에서 노트는 중요한 합격 요인이 될 수 있다. 내가 경험한 기술사 공부에서도 노트는 합격에 있어 굉장히 중요한 요소였다. 그 이유는 각 이론을 정리/집대성하여 하나의 노트를 만들어 놓으면 공부할 때마다 여러 자료를 찾아볼 필요가 없어져 낭비하는 시간이 줄어들고, 암기할 때도 노트에 정리된 그대로 암기할 수 있으므로 책꽂이에 책을 정리하는 것처럼 내 머릿속에 가지런히 정리하는 느낌을 받기 때문이었다. 공부 흐름에 산만함을 줄여주어 공부 효율을 높일 수 있는 것은 물론이다. 게다가 기술사 1차 시험 유형이란 게, 하나의 이론에 대해 정의, 원리, 특징, 활용, 문제점, 대책 등 서론부터 결론까지 내가 아는 모든 것들을 적어 내려가야 하는 것이라, 이론에 대한 내용을 총 망라하여 정리한 노트는 곧바로 합격과 연결되는 것이었다.

나만의 노트 한 권을 만들기 위해서는 기본적으로 강의 듣기와 강의 내용 필기, 복습의 단계를 거쳐야 한다. 처음 적은 필기 내용은 복습을 통해 가다듬어지고, 새롭게 알게 된 내용이 추가된다. 나만의 방식으로 이해하게 되었다면 그 과정을 적어놓는 것도 도움이 된다. 공부하면서 내용이 추가되는 부분이 생기고, 내가 알아보기 쉽게 고치는 경우도 많다 보니, 노트 한 권을 만드는 데도 생각보다 많은 시간과 노력이 든다. 가뜩이나 공부할 시간이 부족한 사람들에게는 노트를 만드는 시간조차 매우 아까울 수 있지만, 만드는 것이 힘들고 오래 걸리는 만큼 일단 만들고 나면 그다음부터는 공부 속도와 효율을 높이는 데 큰 도움을 준다.

전체적인 내용의 흐름, 핵심 내용 정리, 암기에 걸리는 시간, 반복 암기를 위한 이동의 편리함 등 여러 부분에서 큰 도움을 받을 수 있다. 자연스럽게 진짜 공부 시간이 늘어난다. 대중교통을 이용할 때나 약속 장소에서 상대방을 기다릴 때, 회사에서 점심을 먹고 남는 시간 등 자투리 시간에 활용하기도 좋아서 시간을 더 알차게 쓸 수 있도록 도와준다. 이처럼 나만의 노트는 매 순간 빛을 발한다. 잘 만들어진 노트 하나만 있다면, 단 5분의 쉬는 시간이라도 알차게 보낼 수 있다.

'나만의 노트'라고 하여 꼭 내 손으로 노트 전부를 직접 필기해야 한다고 생각하기 쉬운데, 여기서 포인트는 '내가 만든'이지, '내가 직접 써야 하는'은 아니다. 퇴근 후 남은 시간을 전부 들여가면서까지 굳이 내 글씨로, 내가 직접 만들어야 할 필요는 없다. 정성 들여 만드는 것이 꼭 모든 것을 내 손으로 엄청난 시간을 들이면서 남과 다르게 해야만 가능한 것이 아니다.

공부에 있어 너무나 중요한 노트일지라도 그것을 만드는 데 걸리는 시간은 공부 시간을 무한정 침범해서는 안 된다. 일주일에 강의를 하루만 듣는다면 주말 강의를 듣고 온 당일에 노트 정리를 끝내기로 계획한다거나, 다음날 공부 시간의 최대 30%까지만 할애하여 노트를 정리해야 한다. 굳이 소중한 시간을 들여 더 훌륭하게, 더 예쁘게 만들 필요 없다. 내가 알아볼 수 있을 정도면 충분하다.

나만의 노트를 만드는 두 가지 방법

활용하면 좋은 노트 만들기 방법에는 크게 두 가지가 있다(노트 '정리'가 아니라 노트 '만들기'다). 강의 시간에 배운 중요한 부분을 책에서 복사하여 노트에 붙이고 나머지를 채워나가는 방법과 지인의 노트를 구하여 뼈대를 만들고 그 위에 내용을 덧붙이는 방법이다.

먼저 책 또는 프린트물을 복사하여 노트를 만드는 경우, 각 이론의 핵심 내용을 복사하여 노트에 붙인다. 내용이 추가될 경우를 고려하여 주변에 여유를 둔다. (노트를 아까워하지 마라. 아까운 건 노트가 아니라 내 시간이라는 점을 명심해야 한다.) 핵심 내용이 아니더라도 옮겨 적어야 할 내용이 많다면 이 또한 복사하여 붙이기를 권한다. 공부하다 보면 처음엔 중요하게 생각하지 않았던 내용이 나중에서야 눈에 들어오기도 하고, 이해하기 어려운 이론에 대해 나만의 이해 과정을 적어놓기도 하면서 내용을 계속 추가할 일이 생긴다. 주관식 시험의 경우에는 시험출제기관에서 정답을 공개하지 않기 때문에 문제집마다 풀이가 다른 경우가 가끔 생기는데, 그런 경우 역시 추가 필기가 필요한 부분이다.

두 번째는 다른 사람의 노트를 참고하는 방법이다. 구할 수만 있다면, 그중에서도 특히 합격자의 노트를 참고하라. 합격자의 노트를 보면 안다. 합격자와 일반 수험생은 확실히 다르다는 것을. 노트를 보면 합격자에게는 반드시 합격할 만한 나름의 이유가 있다는 것을 알 수 있다. 노트는 특별할 것 없는데 다른 방식의 엄청난 노력으로 합격을 거머쥐었든, 남들과 차별화되는 노트를 바탕으로 요령 있게 공부했든 상관없이 합격자들의 노트는 그 자체로 특별하다. 그 노력의 결실을 한 번에 내 것으로 만들 수는 없지만, 노트를 통해 그들의 노력을 따라 해볼 수는 있다. 예술가들이 대가의 작품을 모방하면서 연습하고 실력을 쌓다 보면 언젠가 나만의 작품이 탄생하듯, 합격자들의 노트를 참고하여 그 숨은 노력을 따라 하다 보면 어느 순간 합격에 한 발짝 다가가 있는 나를 발견할 수 있다.

다수의 합격자로부터 서브 노트를 구할 수 있다면 그 노트들을 모두 활용할 방법을 생각한다. 각 서브 노트들이 다루고 있는 내용은 거의 비슷하지만 이론별로 가장 충실하게 정리된 것은 다를 수 있다. 하나의 이론에 대해 각 노트별로 살펴보고, 가장 정리가 잘 된 것을 선택해 그것을 내 서브 노트의 뼈대로 사용한다. (단, 이 방법은 정리 및 암기 전단계인 내용 이해가 선행되어야 한다. 그렇지 않고서는 베스트를 선별할 시각을 갖지 못한다.)

이렇게 나의 서브 노트를 만든 후에는 공부하면서 내게 맞도록 내용을 추가해 나간다. 시간이 흐르면서 사회적으로 중요해지는 부분이나 떠오르는 이슈들이 있으면 그 부분 또한 추가한다. 합격자들의 노트는 짧게는 1년, 많게는 3~5년 정도 된 이론일 수도 있다. 주요 내용은 변함없지만, 가끔은 다른 내용을 발견하기도 한다. 문제 풀이 과정에서 오류가 발견되어 수정했거나, 법의 제/개정과 같이 달라진 법안이 대표적인 예다. 이런 내용은 복습 과정에서 자연스레

<나만의 서브 노트 만들기>

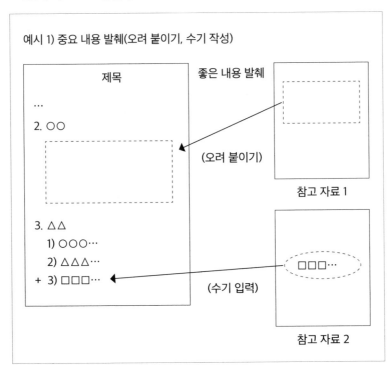

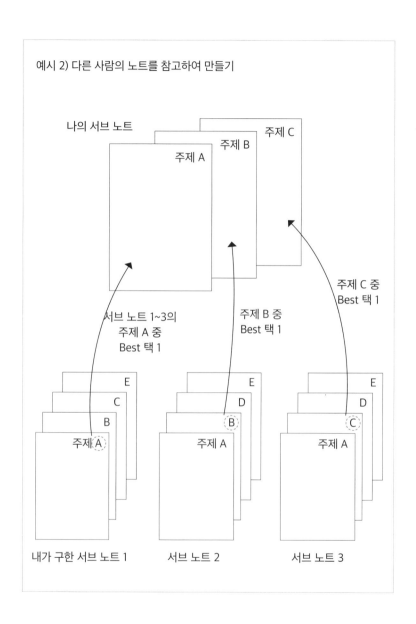

예시 2) 다른 사람의 노트를 참고하여 만들기

발견할 수 있으니, 오래된 노트라고 하여 마다할 이유는 없다. 감사히 받아서 소중하게 사용하도록 하자.

　(tip. 원활한 필기 추가를 위해서는 스프링이나 책 모양 제본이 아닌, 낱장으로 복사하여 파일철을 해놓는 게 좋다.)

모든 공부에는
우선순위가 있다

자격증을 위한 공부에는 항상 순서가 있다. 그리고 그 우선순위를 정하기 위해서는 시험에 들어가는 모든 과목을 알아야 하고, 전체적인 맥락을 훑은 다음 반드시 과목 분류 작업이 선행되어야 한다. 자격증 시험 같은 경우는 '합격 커트라인'이라는 게 있어서, 어느 점수 이상만 맞으면 합격이기 때문에 목표는 '합격 안정권 만들기'가 된다. 그러기 위해서는 전략적으로 공부할 필요가 있는데, 그중 우선순위를 정하는 방법은 이후에 나올 기출문제 정복과 이어지는 가장 중요한 부분이라 할 수 있다. 우선순위를 정하는 방식은 객관식 시험과 수관식 시험에서 조금 다르게 나타나는데, 그 둘을 나눠서 살펴보도록 하자. 먼저 객관식 시험이다.

객관식 시험: 목표 점수를 정한 후 필수 과목을 공략하라

① 커트라인 점수와 과락 점수를 확인하라

여러 자격증 시험이 1차 시험에서 60점의 합격 커트라인과 40점 과락을 둔다. 이 점수는 절대 점수로 변함이 없다. 따라서 한 과목당 60점씩은 맞아야 평균 60점으로 합격할 수 있다는 결론이 나온다. 유난히 자신 없는 과목이 있다면, 과락만 면하자는 목표로, 그 점수를 상쇄할만한 점수를 자신 있는 다른 과목에서 받아야 한다. 예를 들어, 자신 있는 과목에서 80점, 자신 없는 과목에서 40점을 목표로 한다면, 평균 60점으로 합격이 가능하다.

하지만 PSAT(Public Service Aptitude Test, 공직적격성평가) 시험 같은 경우에는 최고 점수를 받은 사람부터 최종 선발 인원에 맞게 합격 커트라인이 정해지므로, 절대 점수가 아닌 상대 점수라고 할 수 있다. 따라서 지난 시험까지의 합격 커트라인을 기준으로 나의 목표 점수를 정한다. 유난히 시험이 어려웠거나 쉬웠던 연도의 경우는 점수의 등락폭이 크고 특별한 경우로 봐야 하기 때문에 그런 시험을 배제한 나머지 시험들의 합격 커트라인을 확인한다. 그리고 시험마다 합격 커트라인이 비슷한 점수대를 유지하는지, 오르락내리락하는지, 아니면 점점 상승하는지 그 추이를 분석한다.

변호사시험의 경우, 2012년 제1회 시험을 시작으로 2023년까지 총 12회의 시험이 실시되었는데, 합격선은 증가추세에 있다. 합격자 수가 매년 증가함에도 합격선이 계속 높아지는 것은 응시자들의 실력이 향상되었기 때문이라는 것이 법학계와 수험가의 중론이다. 이런 상황에서는 예상 합격선 또한 이전 시험보다 더 높아지고, 그에 맞춰 나의 목표 점수도 높여야 한다. 이처럼 합격 커트라인이 상대 점수로 정해지는 경우에는 합격선의 추이를 분석하여 나의 목표 점수를 잡는 것이 중요하다.

② 가장 자신 있는 과목부터 공략하라

기존에 알고 있던 익숙한 과목이거나 접근하기 수월한 과목 등 누구나 가장 자신 있는 과목이 있을 것이다. 우선은 그 과목부터 공략해야 한다. 자신 있는 과목을 80점 이상 안정권으로 올려놓으면, 가장 자신 없는 과목은 40점을 목표로 할 수 있어 훨씬 부담이 덜하다. 게다가 자신 있는 과목은 공부할수록 머릿속에 쏙쏙 잘 들어오고 목표한 공부량을 끝내기도 수월해서 공부를 이어가는 데 있어 자신감을 심어주는 역할도 한다.

이는 가장 하기 싫은 과목을 공부할 때도 좋은 영향을 주기 때문에 결국은 공부 전반에 있어서 긍정적인 방향으로 이끌어준다. 만약 가장 중요한 과목인데 너무 자신 없다면, 과락만 면하자는 느낌으로 접근하라. 억지로 잡고 있다가 다른 과목은 손도 못 댄 채 지치는 우를 범하지 마라. 내가 가장 잘할 수 있는 과목부터 공략하는 것이 합격을 위한 자격증 공부의 핵심이다.

주관식 시험: 출제 가능성이 높은 문제를 공략하라

다음으로는 주관식 시험의 우선순위를 정하는 방법이다. 과목별 배점이 정해져 있지 않은 시험(예: 기술사 시험)의 경우, 전체 시험 범위를 뭉뚱그려 문제가 출제되기 때문에 기출문제를 통해 분석한 출제 가능성이 높은 과목을 먼저 공략하는 것이 필수다. 이는 학원이나 동영상 강의를 통해 알 수 있다.

① 가장 중요한 과목부터 시작한다

직접 기출문제를 분석해 볼 수도 있고, 강의를 통해 출제 가능성이 높은 순서대로 중요한 과목을 정할 수도 있다. 과목들의 우선순위를 정했다면 그다음은 각 과목 내의 챕터들의 우선순위를 정한다. 그리고 챕터 내에서 다시 우선순위를 정하고, 그렇게 정한 우선순위대로 안에서부터 순서대로 공략해 나간다.

자격증 시험의 문제를 출제할 때는 그 자격증을 취득하려는 사람으로서 기본적으로 알아야 하는 중요 이론(출제 빈도가 가장 높았던 이론 포함), 최근에 떠오른 이슈 관련된 이론, 이 두 가지를 중심으로 문제를 만들게 되어 있다. 그러므로 해당 자격증에서 요구하는 가장 기본이 되는 주요 과목을 파악하고, 그것을 무엇보다 먼저 완벽하게 습득해야 하는 건 너무 당연하다. 주요 과목을 공부하는 도중에 이해되지 않는 부분이 너무 많다고 하더라도 멈추지 말고 꿋꿋하게 나아가야 한다. (그 이유는 다음 2번에서 자세히 설명하겠다.) 그런 다음 최근에 중요하게 떠오른 이슈를 찾아 그에 관련된 이론들을 습득해 나간다.

② 주요 과목에서 유사 과목으로 범위를 넓혀나가라

주요 과목에 대한 이해와 암기가 선행되고 난 후에는 유사 과목으로 공부 범위를 넓혀나간다. 여기에서 유사 과목이란, 중심이 되는 이론에서 뻗어나가는 가지 이론을 말한다. 처음 배울 땐 잘 와닿지 않고 어렵기만 했던 주요 과목의 내용들이 유사 과목을 공부할 때쯤엔 조금씩 머릿속에 들어오기 시작한다. 이해는 완벽히 안 됐어도 일단 외우고 지나갔던 이론들이 유사 과목을 공부하면서 거꾸로 이해되는 것이다. 게다가 주요 과목에 대해 완벽하진 않지만 나름대로 이해해 온 상태이기 때문에 유사 과목을 공부하는 것도 처음처럼 어럽지 않다.

이렇게 중심에서 주변으로 공부 범위를 넓혀가다 보면 전 과목 이론들이 마치 실로 꿰듯 하나로 연결되기 때문에 이해 속도가 향상되고, 새로운 지식을 암기할 때도 부담감이 덜하다. 기술사나 기사 2차 시험과 같은 주관식 시험은 전 과목을 통틀어 문제가 출제되므로 이런 공부 방식은 필수라 할 수 있다.

가끔 오래 공부한 수험생 중에는 첫 번째와 두 번째를 건너뛴 채 어려운 문제들만 찾아 공부하는 사람들이 있다. 이런 사람들은 하나의 시험을 오랫동안 공부해오면서 기본 이론을 충분히 알고 있다고 자부하는 사람일 확률이 높다. 그리고 실제로도 그렇다. 이런 상황에서 점수는 합격권인데 무슨 이유에선지 시험에서 계속 고배를 마시고 있다면 어려운 문제만 찾는 대신 가장 중요한 기본 과목부터 다시 차근차근 완벽하게 이해하며 공부해 보길 권한다.

합격자의 풀이를 참고하여 흉내 내보고 나의 답안지와 비교해보는 것이다. 내가 쓴 답보다 더 훌륭한 풀이가 있는지 찾아보면서 비어 있는 곳을 서서히 채워나가라. 이 과정에서 내가 부족한 점이 무엇이었는지 보일 것이라고 확신한다. 또한 다년간 공부해오면서 기본이 탄탄한 상태라면 설령 시험에서 한 번도 풀어보지 못한 문제가 나왔다 하더라도 어떻게든 내가 아는 이론과 연관성을 찾아내어 부분 점수를 맞을 만큼 손댈 수가 있다. 흔히 말하는 킬러 문제라든가 출제위원 전문 분야 문제들이 그렇다. 그런 유형의 문제는 모두에게 어렵다고 봐야 한다. 그렇다면 모두가 잘 알고 있는 이론들에 대해서는 최대한 '완벽하게' 답안지를 작성할 수 있도록 연습하고, 킬러 문제나 전문 분야 문제처럼 낯선 문제는 내가 아는 지식을 얼마나 문제와 연결지어 설명할 수 있느냐가 합격을 위한 전략이 된다. 주관식 시험에서 합격과 불합격은 부분 점수로 결정된다고 해도 과언이 아니므로 이 두 부분을 나누어 연습하는 것이 합격을 위한 지름길이다.

[활용]

합격을 위한 효율 200%
객관식 공략법

많은 자격증시험이 객관식 유형을 채택하고 있고, 어떤 시험은 1차 시험만 객관식으로 출제하기도 한다. 1차 시험의 본질은 학문의 깊이를 보는 게 아니라, 업무를 수행하기 위한 기본 이론을 알고 있는지 해당 과목의 기본 소양 정도를 측정하는 것이다. 기본 소양을 알아보기 위해서는 복잡하고 어려운 문제들을 낼 필요가 없다. 단순하고 확실한 기본 이론을 담은 정돈된 문제들로도 충분히 확인할 수 있기 때문이다.

수능시험 같은 경우, 단 한 번의 시험에 전국에서 약 51만 명(2023 수능시험 기준 50만 5,133명) 수험생들이 시험을 본다. 이렇게 많은 수험생 사이에서 더 우수한 학생을 가려내기 위해서는 변별력을 가진 문제를 출제할 수밖에 없다. 그 한 번의 시험을 위해 출제자들이 한 달 전부터 모여 외부와 단절된 채 새로운 문제를 만들어내는 이유다. 수능시험처럼 '1년에 한 번'보는 시험들은 비슷한 특징을 갖는다. PSAT나 LEET(Legal Education Eligibility Test, 법학적성시험), MDEET(Medical&Dental Education Eligibility Test, 의/치학교육입문검사), PEET(Pharmacy Education Eligibility Test, 약학대학입문자격시험) 같은 시험이 그렇다.

이런 변별력 문제에 대응하기 위해서는 이론을 배우면서 개념을 확실하게 익힌 다음에 그와 관련된 기본 문제를 풀어보면서 배운 이론을 확인해야 한다. 기본 문제에서 막히는 부분이 생기면 다시 개념을 반복하고, 개념이 잡혔다고 생각했을 때 어려운 심화 문제를 풀어가며 응용력을 키운다.

합격 커트라인이 정해져 있는 '절대평가 시험'

먼저, 합격 커트라인이 정해져 있는 '절대평가 시험'이다. 평균 60점 이상이면 전부 합격이고, 과목당 40점의 과락 점수를 갖는 시험이다. 자격증시험에서 객관식 유형의 시험은 기출문제로 시작하여 기출문제로 끝난다고 해도 과언이 아니다. 일 년에 세 번씩, 문제은행에서 문제를 뽑아내는 방식이 계속 이어지고 있기 때문에 객관식 절대평가 시험에서는 기출문제 공부가 시험공부의 전부나 마찬가지다.

기출문제를 풀 때는 가장 최근 문제부터 과거로 거슬러 가면서 문제를 접해야 한다. 평균적으로 최신 문제일수록 출제될 가능성이 높기 때문에 이왕이면 제일 먼저 머릿속에 넣는 것이 좋다. 게다가 관련 법규 같은 경우는 시대에 맞게 계속 보완되고 수정되므로 최신 법규를 가장 먼저 외워야 헷갈리지 않는다. 기출문제가 중요하다고 하여 과거의 문제를 달달 외워놨다가 막상 시험에서 틀리는 경우도 있으니 항상 '최신 문제'를 가장 먼저 공략하자.

기출문제로 접근한다고 해도 출제 경향 분석을 빠뜨려서는 안 된다. 이 경우는 최대한 여러 번 반복해서 본다는 전제하에 기출문제로 먼저 접근하는 경우이므로 2, 3회차를 학습할 때는 좀 더 효율적으로 공부하기 위해서 출제 경향 분석은 꼭 해야 한다.

내가 가진 기출문제를 처음부터 끝까지 한 번 풀고 나면, 크게 네 가지로 분류할 수 있을 것이다. (반드시 처음부터 끝까지 풀어야 한다. 그래야만 나름의 분석이 의미 있다.) ① 대부분의 시험에 출제되는 문제, ② 예전에는 잘 안 나왔으나 최근에 자주 출제되는 문제, ③ 오래전에 나오고 한참 안 나온 문제, ④ 내가 잘 틀리는 문제, 이렇게 네 가지로 분류할 수 있다. 이제 분류한 것을 하나씩 자세히 살펴보도록 하자.

① 대부분의 시험에 출제되는 문제

해당 시험에서 반드시 알아야 하는 이론이란 뜻이다. 당연히 시험 공부에서도 가장 중요한 부분이 된다. 이런 부분은 대충 넘어가서는 안 된다. 중심 이론과 관련 이론을 전부 찾아 이해하고 사소한 것들까지 확실하게 외운다. 빈칸을 채워 넣는 느낌으로 통째로 암기해야 한다. 숫자나 단위 같은 부분을 달리하여 문제가 나오기도 하므로 변형된 문제를 찾아 함께 풀어보면서 반복해서 공부하자.

② 최근에 자주 출제되는 문제

이런 문제들은 사회현상과 맞물려 관련 법규나 기술기준이 제·개정되면서 중요도가 커졌다는 뜻이다. 이는 앞으로 계속 출제될 가능성이 크다는 뜻이기도 하니, 꼭 알아두면 좋겠다. 학원에 다니는 사람이라면 이런 부분을 굳이 따로 찾지 않아도 알 수 있지만, 기출문제로 접근하는 대다수는 혼자서 공부하는 사람들이라서 스스로 알아서 관련 자료들을 찾아봐야 한다. 관련 홈페이지에 들어가서 최신 자료들을 검색하고 더 궁금한 것이 생기면 관련 카페에 질문하면서 자료를 찾아보자. 주변에 같은 시험을 준비했던 지인이 있다면, 최대한 예의 바르게 자료를 부탁해보자. (커피 한 잔 들고 찾아간다면 훨씬 부드럽게 얘기를 나눌 수 있다.) 그리고 나서 관련 문제들을 반복해서 풀어보자.

③ 오래전에 나오고 한참 안 나온 문제

이런 문제는 시간이 흐르면서 이제는 실생활과 관련 없는 내용이 되었다거나, 시험에 비해 난이도가 월등히 높거나 낮은 문제일 가능성이 크다(기사시험에 기술사 수준의 문제가 출제되었다든가 하는 경우). 특히나 국가기술자격시험의 경우에는 이런 경우가 자주 발생한다.

사회는 점점 더 다양해지고 복잡해지는 데다가 이제는 인간과 환경의 공생이 중요한 이슈로 자리 잡다 보니 기술의 발달이 단순히 '기술'에만 국한되지 않게 되었다. 따라서 예전에는 중요하게 취급했던 이론들이었으나 시대가 바뀌면서 덜 중요해지고, 과학의 발달로 기존 이론에서 오류를 찾아내면서 새로운 이론으로 대체되기도 한다. 그렇게 되면 우리가 알아왔던 이론들이 이젠 더 이상 찾지 않는 '죽은 이론'이 된다. (기술자격증을 예로 들었지만 입시, 공시 등의 시험에서도 이와 같은 경우가 많다.)

이와 같은 문제는 다시 출제될 확률이 상대적으로 적다. '쓸모없는 이론'이기도 하거니와 그보다 더 중요한 것들이 많아졌기 때문이다. 가끔 10여 년 만에 출제되는 경우도 있지만, 그 만약을 위해 이런 이론까지 공부하기에는 우리가 가진 시간이 한정적이다. 하나를 취하고 하나를 버려야 한다면, 가장 중요한 ①, ②번에 해당하는 문제를 공부하길 권한다. 이 부분은 가볍게 이해하는 선에서 마무리하도록 하자.

문제가 해당 시험 수준에 비해 과하게 어렵다는 판단이 든다면 이 또한 과감히 넘어가도 된다. 예를 들어 기사시험에서 기술사 수준의 문제가 출제되었다면, 그건 시험의 난이도 조절에 실패했다는 뜻이다.

④ 내가 잘 틀리는 문제

자주 틀리는 문제는 다시 두 종류로 나뉜다. 이해가 잘 안 되면서 출제될 가능성도 적은 문제, 이해가 잘 안 되지만 출제될 가능성이 큰 문제다. 만약 전자라면, 굳이 이해하지 않고 넘어가도 좋다. 시험 날이 머지 않은 상황이라면 특히 그래도 된다. 우리의 목표는 100점이 아니라 시험에 합격하는 것이므로, 출제될 가능성이 더 큰 것에 내 시간을 투자하자. 하지만 이해가 잘 안 되는 문제가 후자에 속한다면, 시간이 걸리더라도 관련 이론을 붙잡고 공부해야 한다.

단순 암기 문제를 제외하고, 문제를 못 푼다는 것은 개념을 제대로 이해하지 못했다는 뜻이다. 개념과 그 원리(속뜻)를 이해해야 응용단계인 문제를 풀 수 있다. 모든 공부가 그렇다. 단, 기출문제를 통해 이론보다 문제를 먼저 본 상태에서는 당연히 개념은 모를 수 있다. 그래서 이럴 땐 공부 순서를 다르게 하여 접근해보는 것이 좋다.

먼저, 이해되지 않는 특정 문제와 그 풀이를 분석해보고 문제 풀이의 '어느 부분'이 이해가 안 되는지 범위를 좁혀나간다. 그리고 해당 이론을 개념서에서 찾아 반복해서 원리를 이해해보고, 예제를 통해 내가 이해한 게 맞는지 확인한다. 그런 다음, 다시 처음의 문제로 돌아와 풀어본다. 도저히 해당 문제를 풀지 못하겠다면 답을 줄 수 있는 사람에게 질문하라(합격자나 스터디모임의 지인, 학원에 다닌다면 강사에게 질문할 수 있고, 혼자서 공부하는 경우에는 인터넷 카페나 개인 블로그, 유튜브 등에 질문해보자).

개념을 이해했다면 기출문제 중에서 관련된 문제들을 찾아 연속해서 풀어본다. (막히면 다시 앞의 문제로 돌아가서 무엇이 다른지 살펴본다.) 가능하면 다른 문제집에 나와 있는 풀이도 찾아보는 것이 좋다. 객관식 문제의 경우 출제기관에서 답은 공개해도 풀이는 공개하지 않는다(주관식 문제는 답조차 공개하지 않는 경우가 있다). 이런 이유로 기출문제집의 풀이는 저자에 따라 조금씩 다를 수 있어서, 두 권 이상의 문제집을 보는 것이 좋다. 하지만 대개는 한 권만 보기에도 벅찰 수 있으니, 처음부터 수험생들 사이에서 가장 신뢰받는 문제집을 선택하여 공부하는 것이 좋다.

일반적으로 '자격'을 위해 보는 시험은 수능시험과는 다르다. 수능시험은 반드시 개념을 확실히 이해해야 응용문제에 접근할 수 있다. 개념과 관련 공식을 외우기만 하고 문제를 풀려고 하면, 접근조차 못 하는 게 수능시험이다. 수능 문제의 출제 원칙 자체가 '전혀 새로운 유형의 문제'이기 때문이다. 개념과 원리를 얼마나 제대로 이해했는지 파악하기 위해서는 '누구도 접하지 못한 완전히 새로운 문제'여야 정확하다. 하지만 자격증시험은 아니다. 시험문제는 대부분 우리가 이미 알고 있는 문제들에서 출제되며, 그 문제들조차 기본 개념에서 크게 벗어나지 않은 것들이 대부분이다. 누가 더 잘하는지를 판별하는 것이 아니라 이 일을 할 수 있는 '기본 자격'이 되는지를 알아보기 위한 것이기 때문에 문제의 출제부터 문제에 접근하는 방법까지 전부 수능시험과는 다르다.

합격 커트라인이 인원수에 따라 결정되는 '상대평가 시험'

다음은 100점 만점에서 시작하여 뽑는 인원수에 따라 합격 커트라인이 정해지는 '상대평가 시험'이다. 대개는 합격선이 이전 시험과 대동소이하나, 그중에는 소폭이나마 점수가 계속 오르고 있는 시험들도 있으니 합격선을 예상하기 위해서는 반드시 지난 몇 년간의 합격선 추이를 확인해야 한다. 합격을 확신하기 위해서는 내 점수가 '합격 안정권' 안에 있어야 하므로, 예상 합격선에 +α를 더하여 내가 확보해야 할 점수를 정한다. 한 문제당 점수와 과목의 특성을 고려하여 나는 몇 문제를 더 맞아야 하는지 판단한다. 시험에 따라 문제 수가 다를 수 있고, 과목에 따라서 기대치가 다를 수도 있으므로 이는 개인에 따라 살펴볼 부분이다. 이런 점으로 인해, 상대평가 시험에서는 60점만 넘으면 되는 절대평가 시험과는 다른 전략이 필요하다.

이 경우에는 기본개념 이해가 반드시 바탕이 되어야 한다. 그래야 응용 문제까지 접근이 가능해진다. 수능 시험을 공부하듯 '개념 이해-기출문제 풀이-응용(심화)'의 단계로 진행하면서 공부해야 한다. 이론을 완벽에 가깝게 습득한 뒤에 기출문제 풀이에 들어가야 변별력을 가진 문제까지 풀 수 있고, 그래야 $+\alpha$의 점수를 얻을 수 있다.

기출문제 풀이는 몇 번을 반복해도 부족하지 않다

위에서도 말했지만, 기출문제를 풀어보는 것은 거의 모든 시험에 있어 절대적이다. 특히나 객관식 시험에서 기출문제를 막힘없이 풀 줄 안다면 그 사람은 합격권이라고 봐도 무방하다. 하지만 기출문제에 먼저 접근하여 문제를 위주로 공부한다고 해도 노력 없이 좋은 결과를 기대할 수는 없다. 방법적인 면에서 방향이 다를 뿐이지 내가 그 문제에 관련된 이론을 숙지하고 암기해야 한다는 것은 결국 같다.

문제를 통해 이론을 이해하고 시험을 파악하기 위해서는 반드시

'반복'이 뒤따라야 한다. 기출문제만 공부한다 해도, 처음부터 끝까지 최소한 세 번 이상은 다(多)회독을 해야 기억에 남는다. 그렇지 않으면 아무리 출제될 가능성이 큰 문제 위주로 공부했다고 해도 시험장에서 문제가 '익숙하다'는 느낌만 받을 뿐 제대로 풀지 못하고 끝난다.

여기서 '다회독'의 정확한 의미에 대해 설명이 필요할 듯하다. 기출문제를 위주로 공부하든 개념서를 이해하며 암기하든 시험을 앞둔 수험생이라면 반드시 반복 학습을 한다. 이렇게 반복 학습을 하다 보면 회차가 늘어날수록 속도가 빨라지는데, 그럴 수밖에 없는 이유가 있다. 복습 2회차 때는 대부분 1회차를 공부할 때와 큰 차이가 없다. 여전히 많은 이론이나 문제가 새로운 느낌으로 다가온다. 하지만 3회차 복습에 들어가면 '확실히 아는 부분'이 생기기 시작한다. 이론의 개념과 원리를 정확히 이해하고 있어 어떤 문제를 봐도 단번에 풀어내며 설명도 완벽하게 할 수 있게 된다. 문제를 통해 하나의 이론을 확실히 이해하고 비슷한 유형의 다른 문제를 혼자 힘으로 풀 수 있으며, 관련 공식까지 암기하여 적을 수 있고, 살짝 변형된 유사 문제를 만나더라도 문제 풀이를 통해 금방 이해할 수 있다.

이렇게 확실하게 아는 문제들이 하나둘 늘어나다 보면, 그 부분들은 넘어가면서 공부할 수 있기 때문에 기출문제집 한 권을 다 보는 데 걸리는 시간은 점점 빨라지기 시작한다. 그러다 보면, 공부 1회차에는 과년도 문제를 처음부터 끝까지 보는 데 2주가 걸렸을지라도 2회차 때는 일주일, 3회차 때는 3일로, 공부 속도가 점점 빨라질 수 있다. 그래서 여기서 말하는 '다회독'이란, 처음 공부할 때처럼 '하나도 빠뜨리지 않고 꼼꼼히 복습'을 뜻하는 게 아니다. 확실하게 아는 것들은 제외하면서 나머지를 반복하는, '부족한 부분의 반복 학습'을 뜻한다.

객관식 시험에서의 반복은 단순히 문제만 많이 풀어보는 것을 의미하지 않는다. 그 문제와 관련된 개념과 공식, 거기서 변형된 응용문제까지 전부 포괄하여 반복하는 것을 말한다. 그러면 비록 개념서 전체를 이해하진 못했더라도 문제에서 말하고자 하는 것에 정확히 접근할 수 있고, 그 문제를 포괄하고 있는 개념과 공식까지 반복하면서 확실하게 문제를 풀 수 있다.

정답이 술술 나오는
주관식 공략법

주관식 문제로 된 시험들에도 몇 가지 유형이 있다. 기사 2차 시험과 같은 단답형(+문제 풀이) 유형과 기술사 1차 시험과 같이 하나의 이론에 대한 개요부터 장단점, 활용까지 써 내려가는 서술형과 논술형, 그리고 말로 하는 구술형이 있다. 이들 각각의 공부법이 조금씩 다르므로 하나씩 구분하여 살펴보기로 하자.

단답형

단답형은 주관식 문제 중에서도 가장 기본적이고 간단한 형식을 갖는 형태의 문제다. 주관식 단답형 문제와 객관식 문제의 차이는 직접 답을 적느냐 번호를 적느냐의 차이일 뿐, 둘 다 비슷한 수준의 문제와 답을 갖는다. '물의 끓는점은 몇 도인가?'와 같이, 묻는 것이 확실하고, 그에 대한 답이 간결하여 논란거리도 없을뿐더러 한 번이라도 제대로 외우기만 하면 답을 찾는 게 어렵지 않은 형식을 말한다. 국가기술자격시험 중 기사/산업기사 2차 시험의 일부 문제가 단답형으로 출제된다.

단답형으로 된 시험은 빈칸 채우기와 같은 1차원적 공부만으로도 충분하다. 대부분의 단답형 문제들은 기본서에서 설명하는 문장과 조건들을 그대로 가져오기 때문에 문제 자체가 어렵지는 않다. 이해하기 힘든 경우도 적다. 가끔 꼬아서 내는 문제들이 있지만, 단위를 바꾸거나 조건을 추가하는 경우가 전부인, 실수 유도 문제가 대부분이다. 그래서 기본서의 설명을 제대로 이해하고, 문제에 주어진 조건들을 꼼꼼하게 살펴보면 그리 어렵지 않게 풀 수 있다.

하지만 대부분의 단답형 문제들은 서술형 문제와 함께 출제되므로 단답형 문제만을 위한 공부는 의미가 없다. 서술형 문제를 공부하는 것이 단답형 공부를 포함하므로, 두 개를 묶어서 보는 것이 좋다.

서술형

서술형 문제는 단답형 문제에서 조금 더 나아가, 정답과 함께 설명을 요구하는 문제 형식이다. 문제 풀이(풀이+답)로 대표되는 서술형 문제는 국가기술자격시험 중 기사와 산업기사 2차 시험의 일부 문제, 기술사 1차 1교시 문제 등 다양한 시험에서 출제되고 있다.

이 역시 1차원적 공부에서 크게 다르진 않지만, 단답형보다는 조금 더 넓은 범위의 문제가 출제되기 때문에 공부할 때도 단답형과는 다른 방식이 요구된다. 빈칸 채우기가 아니라 그 빈칸이 들어간 문장 전부를 외워야 하고, 하나의 이론에서 나오는 공식과 그 공식이 쓰이는 조건들을 꼼꼼하게 살펴보면서 문제를 풀어야 한다.

특히 이공계 시험에서는 '단위'가 80%를 차지한다. 글로 쓰는 서술형보다는 공식을 이용한 풀이가 많은 만큼, 공부할 때도 공식에서 쓰이는 단위를 정확하게 이해하고 암기하여야 실수가 없다.

논술형

논술형 시험은 하나의 이론에 대해 개념부터 활용까지 관련된 모든 내용을 적어 내려가는 시험이다. 논술형 시험은 주관식 시험 중에서도 가장 어려운 시험에 속한다. 빈칸 채우기와 같은 단답식 문제를 공부할 때는 전체적인 흐름을 이해하면서 중요한 몇 가지 포인트만 암기해도 되지만, 논술형으로 공부하게 되면 조사 하나까지도 꼼꼼하게 봐야 한다.

자신이 아무리 완벽하게 이해했다고 해도 책을 베끼듯 이론을 처음부터 끝까지 써 내려가는 것은 또 다른 영역이기 때문에 논술형 시험공부를 할 때는 적은 양을 외웠더라도 무조건 연습장에 써보는 연습이 필수다. 시험 역시 쓰면서 본다. 게다가 내가 아무리 많은 것을 알고 있다고 해도 하나의 문제에 할당되는 시간 내에 답을 다 쓰지 못하면 모르는 것과 같다. (물론, 전체 문제에 답을 적당히라도 쓴다는 가정하에서 그렇다. 자신이 확실히 아는 문제에 최선을 다하고 어정쩡하게 아는 다른 문제들은 포기하기로 결정했다면, 그때는 한 문제에 시간을 많이 투자해도 괜찮다.)

내가 아무리 완벽하게 암기했다고 생각할지라도 반드시 적어봐야 한다. 실제로 시험을 보는 것처럼 전체적인 답안지의 구도와 그 내용, 형식, 분량을 반드시 체크하고 써보는 연습을 해야 한다. 제한된 시간 안에 관련 이론 모두를 적는 연습은 필수다. 이러한 형식의 문제는 국가기술자격시험 중에서도 기술사 1차 시험의 2, 3, 4교시 유형이며, 그 외에 행정(기술)고시 2차 시험, 변리사 2차 시험 등에서 출제된다.

구술형

구술면접이라고도 불리는 구술형 시험은 우리가 알고 있는 지식과 생각을 '말로' 묻고 '말로' 대답하는 시험이다. 직장인이라면 누구나 한 번쯤 경험할 수밖에 없는 유형, 바로 면접이다. 구술형 시험은 기술사 2차 시험 등에서 나오고, 넓게는 회사에서 사람을 채용할 때, 서류 심사 후 보게 되는 전공 면접 또한 이 시험에 속한다고 볼 수 있다. 구술형 시험은 단답형, 서술형, 논술형을 잘 준비한 사람이라고 하더라도 별도의 준비가 필요하다. 내가 알고 있는 것을 적는 것과 말로 대답하는 것은 별개라서 부단하게 말로 설명하는 연습을 하여 익숙해질 필요가 있다.

구술 방식에는 질문에 대해서 먼저 결론을 말한 다음 설명을 이어가는 '두괄식', 간결하게 설명한 후 결론을 나중에 붙이는 '미괄식', 이도 저도 잘 모르겠다면 개념이나 정의만 확실하게 대답하고 그다음 질문을 기다리는 '요약식' 등 이론에 따라, 그리고 질문에 따라 대답할 수 있는 방식이 다양하다.

앞서 논술형에서는 문제에서 물어보는 이론에 대해 장황하게 서술하는 기승전결의 형태를 가졌다면, 구술형에서는 최내한 요점만 간결하게 말하면서도 핵심은 놓치지 않는 '족집게 전략'이 필요하다.

게다가 구술형에서는 즉문즉답과 같이 순발력을 요구하는 질문들이 많이 나오기 때문에, 간결하게 답하면서도 꼬리에 꼬리를 무는 질문에 말문이 막히지 않도록 하는 훈련이 필요하다.

그러기 위해서는 같은 시험을 준비하는 사람들과 스터디모임을 꾸려 구술 면접을 준비하는 것이 좋다. 수험생의 입장에서 구술하는 훈련에 좋은 것은 물론이거니와 내가 면접관이 되어 가장 자신 있는 이론을 질문해 볼 수도 있다. 압박 면접을 보듯 깊이 있게 이론을 파고들기도 하고, 최대한 다양한 이론들을 물어보기도 하면서 연습하면 좋을 것이다.

구술형 시험을 준비할 때는 전공 핵심 키워드 정리와 나의 경력을 정리하는 것은 필수다. 전공 핵심 키워드 정리는 서술형과 논술형을 공부하면서 어느 정도 정리가 되어 다시 한 번 정리하는 것이 그다지 어렵지 않지만, 나의 경력은 미리 정리해 두지 않으면 말로 유창하게 설명하기 힘들다.

보통 자신이 경험한 일을 풀어내는 것은 당연히 쉽게 설명할 수 있다고 생각하지만, 막상 면접장에서 대답하려고 하면 어디서부터 어떻게 말문을 열어야 할지 모르는 경우가 태반이다. 그러다 보면 이것저것 설명한 건 많았어도 나오면 횡설수설한 느낌밖엔 들지 않는다. 그래서 자신이 지금 하고 있는 업무나 미래에 하고 싶은 업무,

일을 하며 경험한 것과 일과 관련하여 공부와 접목할 수 있는 것들을 전부 정리하여 말로 설명하는 연습을 꾸준히 해야 한다.

이때 중요한 것은 '알아듣기 쉽게' 말하는 것에 있다. 면접관이라고 해서 응시자들이 해온 업무에 대해 전부 알 수는 없다. 따라서 내 업무를 설명할 때는 누구라도 이해할 수 있을 만큼 쉽게 설명할 수 있는 것이 가장 중요하다. 면접관이 잘 알아들었냐 아니냐의 문제가 합격을 가르는 중요한 요소가 될 수도 있음을 명심하라.

chapter 5

마지막까지
긴장을
늦추지 마라

시험 직전에
봐야 하는 것들

시험 직전에 우리가 봐야할 것은 딱 두 가지다. 첫 번째는 잘 알면서 나올 가능성이 매우 큰 이론이고, 두 번째는 중요한 부분이나 아직 암기가 완벽하게 되지 않은 이론들이다. 그렇다면 어떻게 살펴보는 것이 효과적일까? 바로 내가 정리한 노트와 요약본, 그리고 과년도 기출문제를 이용하는 것이 가장 좋다.

우선은 내가 정리한 노트를 중심으로 중요 이론부터 암기하는 식으로 공부한다. 앞에서 설명했던 '나만의 노트' 만들기 방법에 따라서 노트를 만들었다면, 그 노트에는 기본적인 중심 이론뿐만 아니라 나만의 방식대로, 내가 이해하기 쉽게 추가해 놓은 온갖 내용이 다 적혀 있어 지금까지 공부했던 기억을 떠올리며 암기하기 좋다. 시험

일이 다가왔다면 중요한 이론들에는 이미 나름의 표시가 되어 있을 테니, 중요 이론만 살펴보는 것은 어렵지 않을 것이다.

그다음으로는 요약본이다. 보통은 참고서를 사면 같이 딸려오거나 아니면 책의 앞이나 뒷부분에 따로 추가되어 있는 요약본들이 있다. 바로 이 요약본을 시험 직전에 살펴보는 것도 좋은 방법이다.

요약본은 대개 설명이 친절하지 않다. 말 그대로 '요약'을 한 것이다 보니, 책 한 권의 내용을 다 담기 위해 굵직한 것들만 적어놓게 된다. 어떤 부분은 내용은 없이 종류만 적어놓고, 어떤 부분은 공식은 있으나 그에 대한 설명은 없는 경우도 많다. 이처럼 친절하지 않은 요약본은 시험 직전 셀프 테스트를 하기에 제격이다. 버스나 지하철에서 들고 다니며 내가 암기한 내용을 떠올려볼 수 있고, 요약본을 토대로 내가 외운 것들을 연습장에 빼곡히 적어볼 수도 있다.

공부 시작 단계에서 요약본을 보면, 기본 지식이 있지 않은 한 모르는 내용이 대부분이다. 당연히 머릿속에 들어오지 않는다. 하지만 기출문제를 5회독 이상 풀고 관련 이론을 반복해서 공부한 상태라면 요약본만 봐도 많은 이론을 설명할 수 있다. 기출문제를 통해 분석한 중요도에 따라 요약본 안에서도 중요 이론과 그렇지 않은 이론을 구분할 수 있고, 그것을 근거로 부속한 부분을 채워나갈 수도 있다.

세 번째로는 과년도 기출문제를 본다. 다 보는 것이 아니라 문제를 풀 때마다 헷갈리는 이론, 풀이가 한 번에 떠오르지 않는 문제를 중점적으로 봐야 한다. 풀 때마다 헷갈리는 문제는 아직 암기가 확실하게 안 되었다는 뜻이다. 그냥 넘겨버리기에는 기출문제에서 자주 보이는 바람에 출제 가능성이 높을 것으로 예상되어 그럴 수도 없다. 시간이 촉박해도 이것만큼은 정확하게 외워서 반드시 맞춘다 생각하고 기본부터 보자.

기출문제를 풀 때 아직도 풀이가 바로 떠오르지 않는 문제가 있다면 이미 별표가 네 개 이상은 표시되어 있을 것이다. 지나치게 어렵게 나와서 다음 시험에 나올 확률이 희박한 문제가 아니라면, 이는 어렵더라도 꼭 풀어봐야 하는 문제라고 볼 수 있다. 이런 문제를 대할 때에는 이제부터 '실전이다' 생각하고 접근하는 게 좋다.

난이도가 높은 문제들은 기존의 지식을 확장시켜주고 난이도에 대한 적응성을 높여주기 때문에 시험을 코앞에 둔 지금만큼은 풀어볼 가치가 있다. 다만, 정석대로 개념부터 접근하기보다는 답안지대로 정확하게 외운다는 느낌으로 문제를 풀어보자. 지금까지 잘 풀지 못했던 문제를 완벽히 이해하며 차근차근 습득하기에는 이미 늦었다. 모범답안에 나온 대로 풀이를 외우는 데 집중하라.

무조건
기출문제부터 정복하라

자격증 시험뿐만 아니라 모든 시험에서 기출문제는 곧 예상 문제다. 기출문제라는 건 이미(旣: 이미 기) 나온(出: 날 출) 문제라는 뜻뿐만 아니라, 그 자체로 '아주 중요한'이라는 속뜻을 포함하고 있다. 그래서 기출문제는 다음 시험에 다시 출제될 확률이 높고, 출제자가 문제를 만들 때도 그 범위 내에서 크게 벗어나지 않는다. 바로 이 점이 우리가 기출문제부터 공부해야 하는 이유다. 어떤 시험이든 공부하고자 할 때는 반드시 기출문제를 여러 번 풀어보고 분석하면서 가장 출제 빈도수가 높은 문제부터 공략해 나가야 한다.

첫째, 전통적으로 중요한 기본 이론은 아무리 강조해도 지나치지 않을 정도로 너무나 중요한 부분이다. 전체 기출문제에서 약 50%, 많게는 60%까지 차지할 정도로 그 비율이 높고, 앞으로도 계속 반복하여 출제될 가능성이 매우 크다. 출제자가 이 부분을 계속해서 출제하는 이유는 해당 시험을 준비하는 수험생이라면 반드시 알아야 할 필수 이론이기 때문이다. 이 부분만 철저하게 공부해도 객관식 시험에서 50점은 맞을 수 있는 이유도 여기에 있다.

둘째, 최근에 이슈로 떠오른 이론은 시사를 반영한 문제들이다. 예를 들어 기술 분야에서 시사란 해당 기술 분야의 최근 제·개정된 기술기준, 사회적으로 이슈가 된 사건/사고로 인해 관심 사항으로 떠오른 기술이나 신기술 같은 것을 말한다. 보통의 자격증 시험공부는 전통적으로 중요한 기본 이론과 최근에 이슈가 된 이론만 잘 공부해도 해당하는 문제가 많이 나온 시험이라면 60점을 넘어 합격을 바라볼 수 있다.

셋째, 변별력을 높여주는 킬러 문제는 모두가 아는 익숙한 이론에 익숙하지 않은 조건을 달아 낯설게 만드는 문제들을 말한다. 기본적으로 다 맞을 것으로 예상하는 전통적으로 중요한 기본 이론 문제들과는 달리, 이 킬러 문제는 한두 문제로 합격과 불합격을 나누기 위한 목적으로 출제된다. 목적 자체가 '떨어뜨리기'에 있기 때문에 시험 정책상 합격자 수를 제한해야 할 경우 이러한 킬러 문제들이 나온다고 보면 된다.

시험마다 매번 나오는 경우도 있는데, 그건 조금 다르게 해석할 수 있다. 출제자와 시험 응시자의 눈높이 차이로 킬러 문제라고 느껴지는 경우가 그것이다. 작정하고 떨어뜨리기 위해 출제자가 킬러 문제를 출제하였을 경우, 이는 공부를 많이 한 사람과 적당히 한 사람을 정확하게 가를 수 있게 된다. 그래서 문제를 낸 의도에 맞는 합격자 수가 나올 수 있다. 하지만 그와 달리 출제자가 적당한 난이도라 생각하고 출제했는데도 불구하고 응시자들 사이에서 논란을 일으켜 예상치 못하게 킬러 문제로 낙인찍히는 경우(문제에 오류가 없다는 가정하에)도 있다. 이 또한 의도하진 않았지만 변별력을 갖게 되어 합격과 불합격을 가려내는 역할을 한다.

하지만 실제로 킬러 문제가 시험에 매번 나올 확률은 높지 않다. 시험별로 적정 난이도가 있고 합격자 수를 예상하여 난이도를 결정하기 때문에, 특수한 경우가 아니면 '모두가 틀릴 만한' 문제를 내기 쉽지 않다. 간혹 기사시험에 기술사 수준의 문제가 나오는 경우가 있는데, 이는 결국 난이도 조절에 실패하여 탈락자를 대거 양산하게 된다. 그럼에도 킬러 문제는 풀어볼 필요가 있다. 킬러 문제 대부분이 중요한 이론을 담고 있는 경우가 많고, 깊이에서의 차이일지언정 '시험에 출제될 이론'이라는 부분에서도 높은 확률을 갖고 있기 때문에 그 문제에서 알아야 하는 기본 지식은 전부 짚고 넘어가는 게 좋다.

시험을 준비하다 보면, 객관식 시험이나 주관식 시험 모두 전통적으로 중요한 기본 이론과 최근에 이슈가 된 이론에 해당하는 문제를 풀이하는 것만으로는 부족함을 느낄 때가 많다. 그래서 수험생들 대부분 어려운 기출문제(난이도 최상, 출제 빈도 최하)까지 파고들기 마련이다. 하지만 여기서 반드시 알아야 할 것은 킬러 문제가 나타날 수밖에 없는 환경이다.

이전 시험에서 합격자를 대거 양산한 경우, 자격증 소지자 수의 조정을 위해 그 다음 시험에서는 어렵게 출제할 확률이 높다. 그렇게 해서 탈락자가 속출하도록 만들어 그 해의 합격자 수를 조정하려는 의도가 숨어 있다고 볼 수 있다. 따라서 매 시험 난이도를 조정해야 하는 자격증시험의 경우, 이런 킬러 문제가 항상 출제될 일은 없다. 그러므로 기출문제를 분석하고 관련 이론을 이해하면서 짚고 넘어가는 정도로 충분하다. 합격자 추이를 통해 다음 시험을 예상해 본다면, 킬러 문제로 인해 공부 전체가 어려워지는 일은 없을 것이라고 생각한다.

넷째, 출제자 전문 분야 문제의 경우도 킬러 문제와 마찬가지로 모두에게 낯선 문제이다. 다만, 특정 문제를 운 좋게 구해 풀어봤거나, 실제 그 분야에 경험이 있다면 어렵지 않게 풀 수도 있는 지극히 개인적인 문제이다. 이런 문제들도 변별력 부분에서 수험생을 떨어뜨리기 위한 목적으로 출제되는 것이라고 할 수 있다.

  60점의 합격 커트라인이 있는 시험이라면 이 정도의 문제는 반드시 알아야 하는 필수 문제는 아니다. 객관식 시험에서 이런 문제가 출제되었다면, 그냥 넘어가도 상관없다. 전문 분야 문제를 공부할 시간에 기본 이론과 이슈로 떠오른 이론에 대한 문제를 한 번 더 보는 것이 훨씬 합격할 가능성을 높인다. 만약 주관식 시험에 이런 전문 분야 문제가 나온다면, 문제와 관련된 주변 이론에 대하여 자신이 아는 지식을 최대한 많이 끌어다가 적는다. 단답형이 아니라면 한 문제에서 요구하는 답에 '모범답안'은 있어도 '정답'은 한 가지라는 법은 없다. 관련된 모든 이론이 답이 될 수 있다. 정확히 이것만을 위한 공부는 예상하기도 어려울뿐더러 공부해도 나올 확률은 극히 희박하다.

  지금까지 우리는 기출문제를 네 종류로 분류하여 살펴봤다. 우선순위에서는 다를 수 있지만, 사실 기출문제는 그 자체로 '반드시 봐야 할 문제'라는 의미를 갖는다. 기출문제를 계속해서 반복적으로 풀다 보면 자주 출제되는 문제, 가끔이지만 중요한 이론, 이 문제를 낸 출제자의 의도, 이제는 나올 때가 된 이론과 같은 것들을 자연스럽게 파악하게 되고, 내가 무엇을 중심으로 공부해야 할지도 감이 잡히는 순간이 온다. 출제자의 의도를 파악했다는 것 자체가 이미 어느 수준 이상이라는 의미이기도 하다.

자격증시험은 대부분 합격자를 조정하기 위한 목적으로 난이도를 이용한다. 그래서 일 년을 기준으로 난이도에 차이를 보이기도 하고, 해가 갈수록 점점 어려워지는 시험이 있기도 하다. 그래서 기출문제를 풀어보는 것은 다양한 문제를 접하면서 나의 문제 풀이 능력을 키운다는 의미뿐만 아니라 다음 시험 난이도에 대한 추측을 가능하게 한다. 또한 킬러 문제에 접근하게 해주어 시험에 대한 적응력을 높인다는 의미도 있다.

다른 수험생과
정보를 공유하자

이미 몇 번의 시험을 경험해보며 시험에 대한 감도 익히고 점수도 합격권에 들어선 사람들이라면, 각자의 장점을 십분 살려서 공부할 줄 알 것이다. 또한 공부를 위한 시간 관리도 충분히 잘 해왔을 가능성이 크다. 그런데 이 정도로 공부를 했다면 혼자서 공부하는 게 더 이상 의미 없는 시험이 존재한다. 대표적으로 상대 평가로 당락이 좌우되는 논술형(주관식 서술형) 시험의 경우가 그렇다. 그동안 '이해—정리—암기'라는 고난의 과정을 거쳐 이제야 100% 출력을 할 수 있는 단계가 됐다고 생각했지만, '뛰는 놈 위에 나는 놈이 있다'는 사실을 스터디모임을 통해 실감하게 된다. 스터디 멤버 숭에는 내용의 100% 출력은 물론 내가 몰랐던 최근 동향과 거기에 실무경험까지 더해져 120%를 쓰고 있는 사람이 반드시 있기 마련이다.

이런 환경에서 함께 공부하고 시험도 보고 서로 질문하며 의견을 교환하다 보면 혼자서 공부할 때는 보이지 않던 구멍이 마구 드러나기 시작한다. 이는 단순히 문제를 풀다가 잘 안 풀리는 경우와는 다르다. 그럴 땐 혼자서 이론을 찾으며 다시 공부하면 되지만, 딱히 모르는 부분은 없는 것 같은데도 점수가 예상만큼 안 나온다면, 그건 다른 사람과의 비교를 통해야 비교적 정확히 파악할 수 있다.

스터디모임은 언제 만들어야 할까?

준비 기간이 길지 않은 시험을 준비 중인 사람이거나 공부를 이제 막 시작한 수험생이라면 스터디모임은 필요치 않다. 같은 곳을 향해 가는 수험생들끼리 정보도 주고받고 서로 다독여주며 같이 공부하면 좋을 것 같겠지만, 그건 합격권에 다가간 사람들에게나 해당되는 것이다. 아직은 나눌 만한 정보도 그리 많지 않거니와, 알려줄 만한 지식도 없다. 혹시 '누구는 주변에 아는 사람이 많아서 시험에 대한 정보도 많이 알고 있던데 같이 공부하면 좋지 않을까?' 하고 생각한다면 그건 당신이 공부에 대해 잘 몰라서 그런 것이다. 당신이 알고 싶어 하는 시험에 대한 정보는 학원이나 시험 관련 카페에서도 쉽게 찾을 수 있다.

이제 막 공부를 시작한 사람들이 삼삼오오 모여서 시험에 대해 얘기를 나누다 보면 검증되지 않은 내용이나 확인하기 어려운 사적인 이야기가 모임에서 나누는 내용의 주를 이루게 된다. 그 순간에는 마치 대단한 정보를 알게 되는 양 귀를 기울여 듣겠지만 나중에 이야기 나눴던 내용을 떠올려보면 공부에 직접적으로 도움이 되지 않는 쓸모없는 내용이었다는 것을 깨닫게 된다. 간혹 진흙 속의 진주처럼 공부에 도움이 되는 정보가 있었다고 하더라도 기초 공부가 튼튼하지 못한 사람에게는 무용지물일 확률이 높다.

그러니 공부 초기에는 시험 교재를 1회독하는 것을 목표로 하여 배운 것을 노트에 정리하고 혼자 복습하는 것에 집중하라. 이때는 공부 습관을 잡아가면서 공부에 몰입하는 경험을 계속하는 것이 훨씬 더 중요한 시기이다. '강의 수강-노트 정리-복습'의 과정을 반복하면서 하루 빨리 1회독을 마무리하자. 그 후 2회독 복습에 들어서기 위해서 노력하자.

도약 단계에서나 고득점 단계에서는 스터디모임이 성적 향상에 좋은 영향을 줄 수 있다. 이 시기에는 나눌 수 있는 지식도 많고, 공부하면서 알게 된 좋은 공부법들도 공유할 수 있다. 또한 각자의 경험과 인맥을 토대로 시험에 대한 정보들을 주고받을 수도 있으며 실력자들과의 비교를 통해 나의 부족한 점을 알게 되기도 한다.

혹시 경쟁자라고 생각해서 이런 정보들을 공유하는 데 주저하게 되거나 다른 사람과의 교류가 어색하여 모임 자체가 공부에 방해되는 사람이라면 스터디모임을 만들지 않는 것이 낫다. 함께 공부했을 때 약간의 이점이 있을 뿐 반드시 스터디모임을 만들어 누군가와 함께 공부해야 하는 것은 아니다. 공부는 본디 처음부터 끝까지 혼자할 수 있고, 그게 더 잘 맞는 사람도 많다. 불편함을 감수하면서까지꼭 스터디모임을 만들 필요는 없다.

하지만 스터디모임을 시작했다면 활발히 참여해 나에게 도움이되는 방향으로 이끌어 가길 바란다. 모임에 참여한 사람들은 합격에대한 열망이 크고 공부 의지가 강한 만큼 참여도가 높을 것이다. 구성원들 간에 신뢰를 쌓으며 실력을 높이다 보면 나뿐만 아니라 구성원 모두가 합격의 영광을 누리기도 한다. 그러므로 학원이나 지역의수험생들 또는 기존에 알고 있던 사람들과 스터디모임을 만들어 적극적으로 참여해보자. 그것을 나의 공부에 활용해 보길 권한다.

정기적으로
모의고사 꼭 보기

    나의 실력을 점검하고 공부법과 공부 방향을 돌아보기 위한 방법으로는 모의고사만한 게 없다. 만약 스터디모임을 만들었다면 구성원들이 돌아가면서 문제를 뽑아와 적당한 장소에서 시험 시간을 정하여 모의고사를 볼 수도 있을 것이다. 혼자서 공부하는 사람이라면 과년도 기출문제를 한 회씩 선택하여 시간을 정해두고 시험을 보는 것도 가능하다. 실제 시험과는 달리 많은 부분이 축약된 형태이긴 해도 약간의 긴장감을 주면서 실제로 시험을 보는 느낌을 줄 수 있기 때문에 모의고사는 필수라고 할 수 있다. 모의고사의 결과를 받아들 때는 내 실력이 확연히 드러나는 것 같아 얼굴이 화끈거리기도 하지만, 내게 부족한 부분이 무엇인지 알려주고 채워줄 수 있다는 점에서 모의고사 보기는 매우 좋은 공부 방법이다.

모의고사를 처음 시작할 때는 범위를 한 번에 한 장chapter씩으로 정하여 시험을 친다. 각각의 챕터에서 문제를 발췌할 때는 기출문제를 참고하여 가장 출제 빈도가 높았던 중요 이론을 우선적으로 골라 선택한다. 이렇게 한 챕터씩 진행하여 모든 챕터의 모의고사를 치렀다면, 그다음은 챕터를 2~3개씩, 양이 많지 않다면 4~5개씩 묶어 문제를 발췌하도록 한다. 각 챕터들 중에서도 더 중요한 챕터들이 있기 마련이므로 그 부분을 우선적으로 발췌한다.

챕터별 우선순위 문제를 풀어보는 모의고사를 통해 기본 이론을 완벽하게 공부했다면 그다음부터는 시험 범위를 전 범위로 확대한다. 여기서도 역시 킬러 문제를 제외한 중요 문제를 우선순위에 따라 출제하면서 각 챕터별로 중요한 이론들을 전부 다 짚고 넘어가도록 한다. 전 범위 모의고사에서 우선순위가 1, 2위에 해당하는 문제들을 전부 풀어본 후부터 킬러 문제를 하나씩 넣어보자. 이때 킬러 문제를 푸는 목적은 어디까지나 낯선 문제에 대한 적응력을 키우고자 함이지 이 문제를 완벽하게 풀기 위함이 아니다. 지난 시험의 킬러 문제가 다음 시험에 똑같이 나올 확률은 극히 적다. 보통 킬러 문제는 시험이 치러지는 시기의 트렌드를 반영한 문제가 나오거나 출제자가 잘 아는 전문 분야의 문제가 나온다. 그러므로 출제자가 바꾸면 당연히 다음 시험에 나올 확률은 희박하다.

나의 공부 수준을 객관적으로 알려주는 모의고사

객관식 시험의 경우에는 틀린 문제와 헷갈렸던 문제를 확인한다. 일반적으로 내가 자주 틀리는 이론이나 문제 유형은 항상 정해져 있다. 공부할 때부터 계속 틀려왔던 것들은 시험에서도 항상 틀린다. 그러니 시험을 보고 난 후에는 틀린 문제들을 되짚어서 반드시 완벽하게 이해하고 암기해야 한다. 어떤 이론에서 헷갈렸는지 내가 어떤 문제 유형에 약한지를 모의고사를 통해 반드시 파악해야 한다.

주관식 서술형 시험의 경우에는 답안지를 채점한 후 다른 수험생(또는 스터디멤버)과 돌려보며 같은 문제에 대한 답을 다른 사람은 어떻게 썼는지 확인한다. 똑같이 배우고 암기한 기본 문제라고 하더라도 답안지를 보면 사람마다 차이가 있다. 같은 내용을 썼는데도 누군가의 답안지는 풍성해 보이고 누군가는 빈약해 보인다. 그 사람만의 정리 방법, 경험한 실무, 또는 어딘가에서 배운 특이한 한 줄 등이 눈에 띈다. 다른 사람의 답과 비교해보면 나의 공부 수준이 어디쯤에 있는지 객관화할 수 있다. 이것이 모의고사의 진가다. 사실 모의고사를 보는 가장 중요한 점이기도 하다. 모의고사 자체에 익숙해지는 것보다도 시험을 친 후 자신의 공부 수준을 정확히 파악하기 위해 모의고사가 필요하다.

이론에 대한 지식이 아직 부족하거나 서술형 문제의 답을 적는 것에 어려움을 겪는 경우는 논외로 하자. 여기서는 어떻게 하면 내가 아는 것을 최대한 끌어내어 답안지를 훌륭하게 적어내느냐에 있지, 어떻게 공부하느냐에 대한 고민은 이미 지났다. 모의고사를 통해 지식이 부족하다고 느꼈다면 이론 공부를 더 하는 방향으로 나의 공부 계획을 다시 세우고 머릿속에서 맴도는 것들을 적어내는 것에 서툴렀다면 백지에 적는 연습을 통해 실력을 발전시켜나간다.

이렇듯 모의고사는 나의 부족한 점을 객관화시켜 스스로 깨닫고 보완해 나가는 방법이 될 수 있다.

뒷심이 좋아야
결과도 좋다

　우리는 공부하는 사람들을 향해 '의지만 있으면 뭐든지 한다!'라는 말을 많이 한다. 어려운 환경에서도 굳센 의지로 공부의 끈을 놓지 않고 성공한 사람들이 그렇고, 누구의 도움 없이 무에서 유를 창조하여 결국은 원하는 것을 거머쥔 사람들을 보면 그건 맞는 말 같다. 아니, 그 말은 분명 맞다. 그런데 그 의지란 게 항상 내 안에 가득 채워져 있지 않다는 게 문제다. 자동차에 기름을 가득 채워놔도 움직일수록 줄어드는 것처럼 의지도 마찬가지다. 발끝부터 정수리까지 차오른 의지로 힘차게 시작한 공부인데도 어느 순간 내 의지는 온데간데없을 수 있다.

　그렇기 때문에 우리는 공부 의지를 오래 유지하기 위해 의지력을 충전할 필요가 있다. 처음 공부를 시작하게 한 동기부여 외에도, 중간중간 다양한 자극을 통해 나의 공부 의지를 다시 채워야 한다.

힘들다는 것을 애써 부정할 필요는 없다

공부는 원래 힘들다. 이왕 하는 거 재밌게 하고 싶어도, 먹기 싫은 음식을 억지로 먹는 것과 같이 힘든 게 공부다. 가끔 접하는 '공부가 재밌다'는 사람들은 타고났다고 생각한다. 그들은 어떻게 해야 공부를 더 잘 할 수 있는지 고민하지 않는다. 이 재미난 공부를 어떻게 하면 많이 할 수 있는지 고민한다. 24시간 내내 좋아하는 책만 읽고 있으면 좋겠다고 말하는 사람들도 있다. 책이 너무 좋아서 책에 파묻혀 있다 보면 잠이나 밥은 안중에도 없다.

이런 일부의 사람을 제외한 대부분의 사람에게 공부는 어렵고 힘든 일이다. 소설책을 읽듯 책을 몇 번 읽는 것만으로 책의 내용을 모두 기억하는 사람은 거의 없다. 책 속의 내용을 내 것으로 만들기 위해 치열하게 공부하고 암기하며, 어떻게 하면 성적을 올릴지 고민한다. 이 재미없는 공부가 어서 끝나기만을 바랄 뿐, 평생 이렇게 공부하고 싶다는 마음은 들지 않는다. 누구나 그렇다. 당신만 그런 게 아니다.

내가 다수의 자격증을 취득하고 박사학위까지 받고 나자, 내 주변 사람들은 하나같이 나에게 물었다. 공부가 그렇게 재밌느냐고. 그 물음에 내가 한 대답은 당연히 "아니오"였다.

난 천재가 아니다. 그렇다고 영재이거나 수재인 것도 아니다. 그런 사람들을 옆에서 보며 열등감을 느낀 적은 있어도 나 스스로를 '공부 잘하는 사람'이라 생각해 본 적은 단 한 번도 없다. 지금까지도 그렇다. 그런데 아이러니하게도 그런 나의 열등감이 나를 공부의 길로 나아가게 했다. 남보다 못하다는 자각, 이대로 멈춰서는 발전이 없다는 위기, 지금을 발판으로 나아가야 한다는 의지가 날 공부하게 만들었다.

그래서 공부할 때의 내 마음가짐은 다른 공부괴물들과는 조금 달랐다. 남들은 한 번에 이해되는 것들도 나는 두세 번은 봐야 이해할 수 있다고 생각해서 처음부터 다회독을 목표로 했고, 시험에 떨어졌을 때는 내 실력이 아직 부족하다는 뜻으로 겸허하게 받아들이며 덤덤히 공부의 길을 계속 갔다. 나 자신을 채찍질하되 몇 번을 반복해도 외워지지 않는 부분에 대해서는 남들도 어려워하는 부분이라고 유연하게 생각하며 꾸준히 공부했다. 애초에 공부머리가 없다고 생각했기 때문에 노력만이 나의 부족한 부분을 채울 수 있다고 믿었다.

이렇게 처음부터 나의 부족함과 공부의 어려움을 인정했던 것이 수험 기간 동안의 고난들을 견디게 해준 힘이 되었고 결국은 목표를 이룰 수 있었다.

주변 사람의 조언에 귀 기울여라

공부를 시작하며 학원에서 강의를 들을 때, 나는 강의 시간마다 공부 이외의 것들에 관한 얘기를 들었다. 합격한 사람들의 합격 수기, 아깝게 불합격한 사람들의 불합격 이유, 합격자들의 합격 후 진로와 이직에 성공한 이야기, 이 자격증의 미래 가능성 등 나 혼자서 공부했다면 어디에서도 알지 못했을 정보들과 조언들을 정말 많이 들었다. 공부를 시작한 지 얼마 안 되었을 땐 공부와 관련 없는 이런 이야기들이 그냥 흥미롭고 재밌기만 했다. 안 그래도 지루하고 힘든 수업 시간에 이런 잠깐의 이야기는 멍한 머리를 다시 맑게 해주는 데 도움을 줬다. 고등학교 시절 교생선생님의 첫사랑 얘기처럼 눈을 반짝이게 만드는 느낌, 딱 그랬다.

이렇게 공부 초반에는 강사의 조언이나 합격자들의 합격 수기들이 나오는 조금 먼 이야기처럼 느껴진다. 합격자들의 수험 생활에 감탄하면서 '나도 할 수 있을까?' 하는 의문은 가질지언정 피부로 와 닿지는 않는다. 아직 시험에 대해 전부 파악하기도 전이고, 나의 위치도 정확히 모르기 때문이다. 하지만 3회독 정도를 거쳐 공부 중반에 들어서고 시험 경험도 하나둘 생기다 보면 같은 사람의 같은 조언이라도 느껴지는 무게감이 다르다. 이제는 조금 더 구체적으로 와 닿고, 나의 수험 생활과 비교하며 생각하게 된다. 조언에 따라 용기 있게 공부법을 바꾸기도 하고 기존에 해오던 나의 공부법에 확신을 갖고 나아갈 힘을 얻기도 한다.

합격권에 다다른 수험생의 경우엔 조언해주는 사람의 조언 내용이 아예 다르다. 그때는 개인마다 조언을 달리해야 한다. 각각의 공부법을 점검하고 그에 맞는 전략을 세워야 하므로, 이때의 조언은 분리해서 생각하는 것이 좋다.

가끔 수업 시간에 주변을 둘러보면 강사의 농담 시간을 아깝게 생각하는 수험생들이 있다. 공부와 관련 없는 농담들도 있긴 하지만, 많은 경우 수험생에게 꼭 해주고 싶은 조언들이 대부분이다. 이런 조언들은 하나의 이론을 설명하기 위해 예를 드는 상황에서 나오기도 하고, 직접/간접 경험을 근거로 다양한 사례들을 소개하는 과정에서 나오기도 한다. 이런 이야기를 듣다 보면 내 생활을 반성하기도 하고 용기를 얻기도 하면서 지친 수험 생활에 자극을 받는다.

물론 사람마다 받아들이는 건 달라서, 이런 말들이 누군가에겐 필요 없는 조언일수도 있다. 하지만 수험 생활이 길어지면서 공부의 방향을 다시 설정하고 싶은 사람이나, 캄캄한 터널 같은 수험 생활에 빛이 되는 희망을 얻고 싶다면 주변 사람의 조언에 열심히 귀 기울여 보길 권한다. 같은 수험생들과의 만남에서도 우리는 생각지도 않게 큰 도움을 받을 수 있으니, 관계된 많은 이들의 얘기를 들어보자. 휴식 시간도 되고 자극도 받는 일석이조의 효과를 누릴 수 있다.

합격을 좌우하는
잠재의식의 힘

잠재의식을 일깨워라

가끔은 의도하진 않았지만 나도 모르게 나오는 말이나 행동들이 있다. 심리학과 정신분석학에서는 이를 '잠재의식'이라고 표현하는데, 이 잠재의식은 시각·청각·후각·촉각 등을 통해 인지하고 경험한 모든 것을 통해 형성된다. 우리는 의식적으로는 우리가 경험한 것들을 잊을 수 있어도 잠재의식은 그것을 결코 잊지 않는다고 한다.

이런 잠재의식에는 독특한 성질들이 있는데, 이는 다음과 같다.

· 비판 없이 무엇이든 잘 받아들인다.

- 의식과 잠재의식이 다투면 이기는 쪽은 언제나 잠재의식이다.
- 의식과 잠재의식이 일치하면 상승적인 힘이 발휘된다.
- 잠재의식은 훈련이 가능하다.
- 잠재의식에 각인된 것은 반드시 실현시키고자 하는 방향으로 행동한다
- 잠재의식은 다치기 쉽다. 그래서 스트레스의 영향도 받기 쉽다.
- 잠재의식은 단세포적이다. 단순하고 구체적일수록 암시를 잘 받는다.
- 잠재의식은 잠들지 않는다.

- 권혁도,《꿈을 이루는 공부습관》

나는 이 중에서도 공부와 관련하여 '잠재의식에 각인된 것은 반드시 실현시키고자 하는 방향으로 행동한다'는 성질에 대해 강조하고자 한다.

내가 미래에 되었으면 하는 모습을 상상하는 것에서 그치지 않고 그 모습을 시각화하면 나의 잠재의식은 그 모습을 곧 이루어질 '진짜'로 인식한다. 꼭 잠재의식이라는 전문적인 용어를 사용하지 않아도 우리는 어떤 목표를 향해 갈 때 이루고자 하는 목표를 계속 머릿속으로 떠올리면서 현실에 임하게 되는데, 그러기 위해 우리가 하는

행동을 잠재의식에서는 '자기암시'라고 한다. 잠재의식의 문을 열기 위해서는 의식의 벽을 넘어야 하고 그러기 위해 필요한 것이 '자기암시'라는 것이다.

이런 자기암시에는 몇 가지 규칙이 있다. 그것은 '긍정적인 표현'을 사용하여 '구체적인 결과를 이미지화'해야 한다는 것이다. 암시어를 만들 때는 무조건 긍정의 표현만을 사용한다(정말 무조건이다. not이라는 단어가 들어간 부정의 문장이라면, 다시 긍정문으로 바꿔야 한다). '아프지 않을 것이다'보다는 '건강하다'라는 표현이 더 강렬하고, '시험에 떨어지면 안 된다'라는 생각 대신 '꼭 합격하자'가 확실하게 와 닿는다. 또한 결과에 대해서는 최대한 구체적으로, 마치 지금 내가 그것을 이룬 것인 양 표현해야 한다. '좋은 성적을 받고 싶다'보다 '평균 70점으로 합격했다'라는 표현을, '나중에 더 좋은 집으로 이사가야지'라는 것 대신 '마흔 살에는 40평 아파트로 이사한다'라고 생각해야 한다는 것이다. '그렇게 하고 싶다'보다 '그렇게 한다' 또는 '그렇게 되었다'는 표현이 자기암시에는 훨씬 더 효과적이다. 왜냐하면, '~하고 싶다'라는 표현은 '지금은 그렇지 않다'는 것을 전제로 하다 보니, 나도 모르게 나의 잠재의식은 '지금은 아니다'에 초점을 맞추기 때문이다. 그렇게 되면 자기암시 또한 '지금은 그럴 능력이 안 된다'가 되어버림은 물론이다. 이것을 '자기암시에 저항을 불러온다'고 표현한다.

긍정의 힘

우리의 잠재의식은 긍정과 부정을 편견 없이 모두 받아들이고, 그 중에서도 부정의 말은 더 크게 받아들인다고 한다. 그래서 의식적으로라도 우리는 긍정적인 말을 사용할 필요가 있다. 그래야 나의 잠재의식 속에 긍정적인 메시지가 저장되고 결국 그것이 현실로 나타난다. 수많은 사람이 긍정의 말을 강조하고,《긍정의 힘》《긍정심리학》《긍정 훈육법》《긍정의 한마디》 등 다양한 책들에서 '긍정'이라는 말과 함께 살아갈 것을 제안하는 것에는 이런 이유가 한몫한다.

나는 교육학자도 아니고 심리학자, 정신분석학자는 더더욱 아니지만 공부를 하면서 이 부분을 정말 많이 경험했다. 내가 이루고 싶었던 모든 것들이 내 명함 위에 적힌 이후로 다 이루어졌고, 살아가면서 수시로 부닥치는 여러 가지 어려움 앞에서 긍정의 결과를 상상했더니 실제로 그와 비슷한 결과를 얻을 수 있었다. 일일이 설명할 수 없는 일련의 일들을 겪으며, 많은 사람에게 긍정적인 말의 힘을 강조하고 싶었으나, 이와 관련한 메커니즘을 정확히 알지 못한 상태에서 단지 경험만으로 긍정적인 말의 힘을 주장하기에는 근거가 부족했다. 그래서 나의 경험을 이론적으로 뒷받침하기 위한 자료들을 많이 찾아봤고, 긍정적인 말과 생각에는 무시할 수 없는 힘이 있음을 확신하게 되었다. 우리 뇌는 아무 의미 없이 웃는 표정을 지어도 행복하다고 받아들인다거나, "감사합니다"라고 말하는 순간 진짜 나에게 감사할 일이 생겼다는 등 긍정의 힘이 어떤 식으로 나타나는지를 사례를 통해 알려주는 책들이 많았다. 내가 경험한 긍정의 힘이 단순히 나라는 개인의 경험만은 아니었다는 것을 알려주는 것이다.

나의 의지, 나의 목표, 내가 바라는 나의 미래를 수시로 말해라. 굳이 큰 소리로 말할 필요는 없다. 작게 중얼거릴지라도 꼭 소리 내어 말해보자. 나의 수호신이 나의 말을 듣고 소원을 들어줄 거라고 생각하는 것도 나름 좋은 방법이다. (조금 유치하긴 해도 지금은 그게 중요한 게 아니다.) 거기서 더 나아가 나의 모든 말이 전부 이뤄질 거라는 상상을 해도 좋다. 그렇게 하면 아주 작은 부정의 말도 조심하게 되고 나와 가족 그리고 시험과 관련하여 말할 땐 최대한 긍정의 말을 생각하게 된다.

이런 작은 행동은 생각 외로 큰 위안을 준다. 마치 내가 곧 꿈을 이룰 것 같고, 머지않아 내가 원하던 것들이 전부 손에 들어올 것만 같다. 앞서, 나는 수험 생활 동안 나의 명함에 '기술사'라는 한 단어를 직접 적어서 지갑 속에 품고 다녔다고 말했다. 그 명함을 수시로 꺼내 보며 '기술사 최영관'을 눈에 새겼고, 그와 동시에 기술사가 되어 활발히 활동하는 나의 미래를 열심히 상상했다. 그러면 공부하러 가는 발걸음이 훨씬 가볍게 느껴졌다. 지금의 고난(苦難)은 미래를 위한 자양분이라는 확신이 들면서, 공부하는 모든 시간에 더 열심히 집중할 수 있었다.

이처럼 긍정적인 생각에는 힘이 있다. 그리고 긍정의 말은 우리 삶에 아주 큰 영향을 끼친다. 그래서 우리는 새해 첫날, 올 한해 좋은 일이 많기를 기원하며 만나는 사람마다 새해 복 많이 받으라는 덕담을 주고받고, 수능시험같이 인생에 있어 큰 시험을 앞두고서는 '떨어지다'라는 표현을 삼간다. 어린 시절, 넘어져서 울다가도 어머니의 "괜찮아~"라는 말을 들으면 진짜 괜찮아졌던 경험도 있다. 의식했든 못했든 말이 주는 힘을 우리는 알고 사용해왔다. 어쩌면 우리가 살아온 모든 날은 내가 한 말대로 이루어져 온 것인지도 모른다. 그리고 이런 말의 힘은, 전혀 상관없을 것 같은 나의 시험에도 영향을 준다. 책상 앞에 힘을 주는 글귀들을 적어 붙여놓거나 인생 선배를 만나 조언을 듣는 행동들은 모두 '말이 주는 힘'을 알고 있기 때문이다. 우리는 이런 말들을 통해 하루를 이겨낼 힘을 얻고, 다시 공부에 매진할 수 있다.

우주에는 선악의 해석이 없다. 우주에 존재하는 것은 에너지를 증폭하는 구조뿐이다. 우주는, "말은 그렇게 하지만 사실은 그렇게 생각하지 않는 거야.", "이렇게 어려운 주문을 보낼 리가 없어"라는 식으로 해석하지 않는다. "알았어, 네가 그렇게 말했으니까"라며 있는 그대로 주문을 받아들여 현실화한다.

- 고이케 히로시, 《2억 빚을 진 내게 우주님이 가르쳐준 운이 풀리는 말버릇》

슬럼프, 열심히 한 자에게만 오는 마지막 관문

보통 우리가 말하는 '슬럼프'는 고득점 단계에서 온다. 공부 초기(낮은 기울기)에는 공부한 시간이 짧아서 슬럼프가 올 만큼 공부에 빠져들지 않았다. 만약 이 시기에 슬럼프가 왔다고 느껴진다면, 그건 그냥 공부하기 싫은 것이라고 봐도 무방하다.

도약단계(가파른 기울기, 짧은 주기의 계단)에서는 서서히 공부의 맛을 알아가기 시작한다. 처음 배울 때보다는 이론에 대한 이해도 잘 되고, 모의고사를 볼 때마다 점수도 올라가니 점점 공부할 맛이 난다. 공부량도 급격하게 늘어나고 성적 또한 노력에 바로 반응하면서 더 열심히 공부하게 되는 선순환이 일어난다. 이 시기에는 닥치는 대로 문제 풀이를 하거나 전체적인 복습도 2회독은 기본으로 할 정도의 학습 능력을 습득하게 된다.

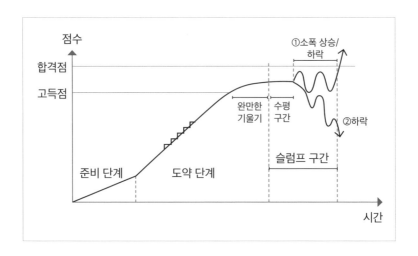

합격권에 접어든 고득점(완만한 기울기)에 다다르면, 더 이상 성적이 오르지 않는 시기가 온다. 이 시기 역시 여전히 공부에 대한 열의가 강하고 공부 습관 또한 안정적이면서 복습도 일주일에 기본서 2회독 정도는 충분히 할 능력이 되지만, 무엇 때문인지 합격 점수에는 미치지 못한다. 합격자들의 공부법 조언도 듣고, 새로운 내용도 계속 추가하면서 빈틈없이 공부한다 생각하는데도 이상하게 점수는 더 이상 오르지 않는 때가 온다. 이때를 우리는 '슬럼프'라고 한다.

우리는 성적이 완만하게라도 올라가다가 수평 구간에 접어들어 실력이 정체되면 피로감을 느끼게 된다. 하지만 이렇게 변화가 없는 구간에서도 생활 패턴을 그대로 유지해야 한다. 그렇지 않으면 순식간에 하락(②)으로 접어든다. 그래서 수평 구간에서 가장 중요한 것은 소폭 상승과 하락의 반복(①), 그리고 변화 없는 기간이 조금 오래 지속될지라도 너무 조급해하지 말고 내 공부 패턴을 꾸준히 유지해야 한다는 것이다. 암흑 같은 시간이 길어질수록 두렵고 포기하고 싶어지는 마음은 너무 이해한다. 하지만 결국은 버티는 자만이 터널을 통과할 수 있다.

"중요한 것은, 늘 공부의 주변에서 크게 벗어나지 말아야 한다는 것. 그러다 보면 어느 날 문득 공부가 큰 기쁨으로 다가와 줄 것이다. 그때 조금만 더 정진하면 좋은 결과를 얻을 수 있다."

이처럼 공부벌레들은 '이륙 효과'를 믿어보라고 조언한다. 성적이 빠르게 오르지 않더라도 절대 포기하지 말고 꾸준히 공부한다면 언젠가는 놀라운 성적 향상의 기쁨을 누릴 수 있다고 말이다.

- 와이즈멘토,《한국의 공부벌레들》

<epilogue>

늦게 시작한 공부가 무섭다

수험가(街:거리)에서 떠도는 말이 있다. '똑똑한 놈은 열심히 한 놈 못 이기고, 열심히 하는 놈은 방금 본 놈을 못 이긴다.'

학생들이나 공부하는 직장인들 모두, 대부분의 시험 접근은 여기에서 나온다. 수능시험을 제외한, 국가기술자격시험이나 공무원 시험 등이 모두 다 그렇다. 똑똑한 사람이 합격하는 게 아니라, 열심히 한 사람이 합격하는 것이고, 열심히 했던 사람 중에서도 '지금' 열심히 하고 있는 사람이 합격한다.

물론, 시험에 따라 '노력의 정도'도 다르고 '노력의 방법'도 다를 수 있다. 단순히 노력으로 되는 시험이 있는가 하면, 어느 정도 공부머리가 있어야 되는 시험도 분명 있다. PSAT, LEET, 고시와 같이 이해와 응용, 암기가 모두 요구되는 시험이 있고, 간단한 자격증시험이나 공무원시험과 같이 끈기와 의지만 있으면 누구나 도전 가능한 시험도 있다. 학문적으로 접근하면서 깊이가 있고 난이도가 높은 문제는 단순 암기 문제로 분류하지 않는다. 공부할 때의 접근 방법도 달라서, 아무리 책 한 권을 전부 암기해야 하는 시험이라 하더라도 암기보다는 '이해'에 훨씬 더 초점을 맞춰 공부하게 된다. 하나의 상황에 대해서 심도 깊은 궁금증도 가져보고 다양한 의견을 들어보기도 하면서 이해력을 높인다. 그렇게 공부한 내용은 어느 수준에 오르면 잘 잊어버리지 않는다.

하지만 단순 암기 문제의 경우 관건은 얼마나 많이 외웠는가 하는 것이다. 누가, 시험 전까지, 얼마나 많이 암기했느냐가 합격을 좌우한다. 이런 시험의 경우, 암기한 내용을 얼마나 '오래' 가져갈 수 있느냐는 중요하지 않다. 공부를 많이 한 사람이나 이미 합격한 사람들을 보면, 일정 기간이 지난 후에 공부한 것들의 대부분을 전혀 기억하지 못한다. 이는 논리에 기반한 암기가 아닌 단순 암기라서, 휘발성이 강하기 때문이다.

이처럼 암기한 것에 대한 휘발성이 강하고 이해와 논리보다는 엄청난 양의 단기성 암기가 시험의 승패를 좌우한다고 할 때, 시험 직전 숨이 턱에 닿을 때까지 공부에 임하는 사람이 결국엔 승자가 된다. 그것이 '지금' 공부해야 하는 이유이다.

내가 무슨 제갈량도 울고 갈 비책이라도 갖고 있는 양 공부법이라는 글을 쓰기는 했지만, 사실 책에 쓴 이야기들은 전부 '노력'을 바탕으로 한다. 그 어떤 공부법도 '노력 없는 비법'은 있을 수 없다. 이런 내용을 보고 혹자는 '특별한 건 없네'라고 생각하며, 이 책을 저자의 말랑말랑한 합격 수기 정도로 생각할지도 모른다.

그러나 이 책을 쓰면서 내가 시행착오를 겪으며 정리한 공부법들을 되새겼고, 그 과정에 당위성을 더하기 위해 공부법을 다룬 많은 책을 살펴봤지만, 그 모든 공부법 책들에서 강조하는 '비법'은 항상 같았다.

— 내가 바라는 밝은 미래를 위해
— 현재를 인내해가는 노력으로
— 나에게 맞는 공부 방법을 찾아
— 절대적인 학습량을 늘리면서
— 결국 해냈다는 성취감 맛보기

공부법을 다룬 수많은 책을 읽을 때 우리가 간과하지 말아야 할 것은 그 책을 쓴 저자나 공부를 잘하는 사람들은 모두 '엄청난 노력'을 했다는 사실이다. 결국, 공부에 지름길은 없다는 걸 알려주고 싶다. 나름의 지름길이라며 설명해주는 공부법들은 사실, '더 많이, 더 빨리' 공부하기 위한 방법들이지, 쉽게 공부하는 방법은 이 세상 어디에도 없다.

노력하는 사람이 모두 성공하는 것은 아니지만, 성공한 사람들은 모두 엄청난 노력을 쏟아부은 사람들이라는 점을 기억하자.

무조건 합격하는 직장인 공부법

초판 1쇄 발행 · 2023년 8월 31일

지은이 · 최영관
펴낸이 · 김동하

편집 · 이주형
마케팅 · 강현지
펴낸곳 · 책들의정원
출판신고 · 2015년 1월 14일 제2016-000120호
주소 · (10881) 경기도 파주시 회동길 445, 4층 402호
문의 · (070) 7853-8600
팩스 · (02) 6020-8601
이메일 · books-garden1@naver.com
인스타그램 · www.instagram.com/thebooks.garden/

ISBN 979-11-6416-167-6 (03190)